JN251803

セラピストが
10代のあなたにすすめる
ACT（アクト）ワークブック

（アクセプタンス＆
コミットメント・セラピー）

悩める人がイキイキ生きるための
自分のトリセツ

〈著〉ジョセフ・V・チャロッキ
　　　ルイーズ・ヘイズ
　　　アン・ベイリー
〈序文〉スティーブン・C・ヘイズ
〈監修〉武藤 崇
〈監訳〉大月 友，石津 憲一郎，下田 芳幸

星和書店

Get Out of Your Mind & Into Your Life for Teens

A Guide to Living an Extraordinary Life

by

Joseph V. Ciarrochi, PhD

Louise Hayes, PhD

Ann Bailey, MA

and

Steven C. Hayes, PhD

Translated from English

by

Takashi Muto, PhD

Tomu Ohtsuki, PhD

Kenichiro Ishizu, PhD

Yoshiyuki Shimoda, PhD

まえがき

　車の運転のように、複雑なことを学ぶ時、とりあえずやってみればなんとかなるなんて思う人はいません。だから、自動車教習所があるわけです。試行錯誤で運転を覚えなければならないのなら、狭いスペースに縦列駐車をする時、バックではなくいきなり頭から突っ込もうとするかもしれません。教習所で教えてもらえなければ、合流する際に、別の車との車間距離を誤って判断して、悲惨な結果を招きかねません。

　この本を"人生の教習所"のようなものだと考えてみてください。

　教習所での指導も、運転のすべてを教えられません。何であれ、本物のスキルは経験して初めて身につくのです。運転を学んでいる人は、止まれの標識で左右を確認すること、あるいは、追い越しをする前にはバックミラーとサイドミラーを見ることを忘れないように、最初は頭の中にチェックリストを思い浮かべるでしょう。最終的には、そのすべてが滑らかに無意識に行われるでしょう。教習所では、実技部分をあなたに代わって行うことはできませんが、順調に学習プロセスを開始できるようになっています。

　この本のテーマはあなたがもっているものの中で最も複雑なものです。そう、あなた自身の心（マインド）です。私たちは他の人から心についての"教習"を少しは受けますが、従来のアドバイスの多くは、実際には役に立たないことが判明しています。心理学という科学的でしっかりとした研究では、文化や友だち、メディアのアドバイス通りにすると、ほぼ逆効果になることが分かっています。これは問題です。もし、このことが正しいならば、私たちは間違ったやり方を、それも、直感的にやってしまっているということになります。

　ここにひとつの例を挙げてみましょう。感情というものは、時として苦

しいものです。あれこれやっていると、その苦しさをしばらくどこかに追い払ってしまえることを簡単に学べます。教室で発表することを恐れているのであれば、別の授業を取る、病気のフリをする、やらなくてすむように言い訳をする、やる気がないフリをする、などが可能です。このようなことのどれかでうまくいけば、恐怖は一時的に減ります。ただし、皮肉にも、どの手を使っても、私たちの人生を支配する恐怖の力をちょっとずつ増やしてしまいます。恐れていないフリをするというような、外からあまり見えないようなやり方でさえも、苦痛な感情を避けるすべてのやり方は、恐怖を増やしてしまうのです。なぜなら、それらすべてが、"恐怖は恐れるべきものである"という、裏のメッセージを含んでいるからです。

　この本は行動科学者によって開発され、テストされてきた、直感とは違うやり方を教えます。価値に基づいた行動が恐怖に乗っ取られないように、恐怖を認めて、それを純粋な好奇心とともに時間をかけて感じていきます。ポケットの中の財布のように、その恐怖を持ち歩くのです。このアプローチでは、恐怖から学ぶべきことが学べるようになり、その一方で、私たちの人生に対する恐怖の支配力は次第に減っていきます。

　今はまだ、私たちのような科学者の言っていることを信用できないかもしれません。それでもかまいません。この本で紹介する新たなスキルで、あなたはすぐに効果が実感できるでしょう。ひとたび学べばスキルが身につき、あなた自身が柔軟になっていると感じられます。これは、練習中のドライバーが、自分の運転がより自然に、よりスムーズに、よりうまくなっているのに気づくのと同じです。

　私はオリジナルの *Get Out of Your Mind and Into Your Life*（日本語訳版：『ACT〔アクセプタンス&コミットメント・セラピー〕をはじめる』）を書きました。10代の若者が直面する困難の例や対応の仕方を取り入れ、この作品を新しい形でみなさんに届けることは、私にとっても大いに意味がありました。著者の3人は若者専門のカウンセラーです。この本

を読んだ後、この本の作成は正しかったと私は確信しました。私は、私が
みてきた若者たちが直面していた困難と、この本で取り組んでいる困難が
似ていると感じています。この本の著者たちは、オリジナルの中から若者
にとって大切な部分をはっきりさせて、読みやすい形で示しています。言
葉づかいも直球です。著者たちはあなたたち読者に、同じ目線で話しかけ
ています。

　この"人生の教習所"の重要ポイントのひとつは、あなたに「どこへ行
きなさい」とは言わないことです。自動車教習所の教官は、あなたが免許
を取ったら「ここに行かなければいけません」と言わないのと同じです。
そうではなくて、行く方法の方が大事なのです。若者は大人からいつも
「ああしろ、こうしろ」と言われていますから、さらに同じことを言うよ
うな本は必要ありません。この本は、あなたがあなたの人生をあなたのや
り方で生きることを助けるのが目的です。この本を読んでいる時、あなた
のもっている自由に生きたいという感覚は、あなたの大切な仲間になるで
しょう。この本はあなたが大切に思うことを問い、あなたの中にある知恵
に触れようとします。いずれにしても、ある意味、これが誰の人生なのか、
決める必要があるのです。あなたの人生なのか、それとも、あなたに取り
ついている考えや気持ちのものなのか、ということです。

　人間の自由とは、まさにこのようなもので、誰もが直面する問題です。
もしあなたが10代の若者で、この本を手にしたのであれば、それは刺激
的で素晴らしいことです。なぜなら、あなたの大切にしたい価値を調べて、
あなたがあなたのマインドに使われるのではなく、あなたのマインドをあ
なたが使いこなす方法を今のうちから学べるからです。

ネバダ大学心理学教授
Get Out of Your Mind and Into Your Life（『ACT をはじめる』）の著者
スティーヴン・C・ヘイズ

イラスト：高嶋良枝

目　次

パート1　はじめよう

第1章　みんなに秘密があるとしたら？

第2章　マインドフル勇者になる

パート2　内なる闘い

第3章　旅に出る

パート3　あなたの道を生きる

イントロダクション：
この本はあなたのための本です

　私たちが最も恐れているのは、自分がダメなやつだということではないのです。一番恐ろしいのは、私たちが測り知れないほどに強力だということなのです。私たちを一番怯えさせるのは、私たちの暗闇ではなく、私たちの光なのです。私たちは自問します。「才気にあふれ、華麗で、ハンサムで、才能があって、この上もなく素敵だなんて、私は何者なのだ？」実際、そうでないとしたら、あなたは何者なのですか？

──マリアン・ウィリアムソン^{訳注）}

　このような本を開こうとする10代の若者は、そんなに多くはありません。ましてや、読もうなんて……。周りの大人があなたにこれを読むように言った可能性が大ありです。「役に立つかもしれない」と言ったか、あるいは、「おまえにはおかしなところがあるから、これを読んだら直るだろう」、なんて言ったのでしょう。そして、その大人がそもそもあなたを

訳注）アメリカのベストセラー作家。この引用は、少し何を言っているのか、よく分からない……かもしれません。もし、気になる人は『風の谷のナウシカ7』（宮崎駿：ANIMAGE COMICS ワイド版）も読んでみるのもよいかもしれません。その201ページに、ナウシカのセリフとして「ちがう。いのちは闇の中のまたたく光だ！」というものが出てきます。

理解しているのかどうか、あなたが本気で疑っている可能性も大です。あなたはきっと、この本は何も変えはしない、と思っているんでしょうね。

　なんで分かるのかって？

　それは……この本は2つのことに基づいているからです。人間の行動についての科学と、大勢の若者を見てきた私たちの経験です。私たちはあなたのことやあなたの困難については知りません。でも、他のたくさんの若者の話を聞いてきましたし、研究からも学んできました。ほとんどの若者は本が助けてくれるなんて期待していないし、周りの大人は全然分かってくれないと考えていることも知っています。

　けれども、人生はサプライズに満ちているのです。そして、あなたがこの先を読む気持ちになれば、このささやかな本があなたを驚かすような何かを与えると、私たちは希望しているのです。

　学校では数学やら、理科やら、社会やら、国語など、勉強に何年間も費やすことが要求されます。けれども、ちょっと考えてみてください。人間について学ぶこと、面倒な考えや気持ちへの対応法について学ぶことに、どのくらいの時間を費やしていますか？　望みがあり、手に入れたいものがあり、いろんな興味があり、しっかりとした意見をもった、一人の人間としてのあなたについての知識を得るために、どのくらいの時間を費やしていますか？

　この本は、人間であるとはどういう意味なのかということ、そして、内なる強さを身につける方法について、あなたについての知識を得るための本です。その途中で、さまざまな人の心の中の闘いを見るでしょう。あなたは自分自身を理解するための、自分の考えや気持ちを知るための、恐れや自信のなさをなんとかするための、自分のもがきについて学ぶでしょう。そして、勇気をもって、しなやかに自分の人生を始める方法を学ぶでしょう。

　私たちはあなたの内側にある秘めた思いや情熱を探求するお手伝いもし

ます。あなたは自分のしなやかさに気づき、自分であることの意味を認識してそれを歓迎し、友情や人間関係についてもっと多くを学び、自分の夢を実現できる方法を探求していきます。今ほど、このような発見をするのによいタイミングはないのです！

　読み進める時、ある大切なことを心に留めておいてください。どのような理由で、この本を手にしたとしても、この本は、この本を読むべきだとあなたに言った人のためのものではありません。この本は<u>あなた</u>のための本です。あなたの夢のある人生への旅立ちの役に立てたら、それこそ私たちの本望なのです。

パート1

はじめよう

　私はまだ14歳だけれど、自分が何を求めているのかかなりよく分かっています……私には意見があるし、自分自身の考えがあるし、主義があります。それに、思春期の人間が言うのはかなりおかしいかもしれないけれど、私は子どもというよりも一人の人間だと、誰からも独立していると感じています。

——アンネ・フランク[訳注]

訳注）ユダヤ系ドイツ人の少女で『アンネの日記』の著者。

第1章

みんなに秘密があるとしたら？

あらゆる人は人知れず秘密の悲しみを抱えている。
——ヘンリー・ワッズワース・ロングフェロー[訳注]

　人生についての知識を得るためのベストな方法は、他の人たちが直面している闘いをのぞいてみることです。その人たちは、何を経験しているのでしょう？　何にもがいているのでしょう？

　この章では、あなたに3人の若者と彼らの闘いを紹介していきます。登場人物がもがいている姿が、あなたがこれまでしてきたことと関係しているかどうか、見てみましょう。登場人物のストーリーのどれかがあなた自身の経験と似ているかどうか、少し時間をかけて考えてみてください。他の人のもがきを観察することを学べば、自分自身をもっと上手に理解できるようになるでしょう。

負け組

　僕は負け組だった。友だちの作り方も分からなかったし、友だちでいつづける方法も知らなかった。いじめっ子から自分を守る方法も知

[訳注]　アメリカの詩人。

らなかったし、女の子への話しかけ方も分からなかった。そんな人づきあいの苦手なやつだった。空想の世界に逃げて過ごすことが多かったな。くだらない妄想をして、ゲームをして、一人で音楽を聴いて……。

　母さんには話せなかった。他の場所に住んでいて、全然電話もしてこなかったんだ。父さんにも話せる気がしなかった。自分のことでとても忙しくて、僕のための時間はあまりなかったから。僕がいじめられているなんて、全然知らなかっただろうな。学校から家まで先輩に追い回された時のことも知らなかったんだ。トラブルになった時だけは気づいたけどね。ある時、泥で汚れたスニーカーのことで僕をからかうやつがいて、どうしてもやめなかったんだ。僕のことを「ウンコ踏んだろ！　ウンコ、ウンコ」って呼び続けて。すごく腹が立ったけど、何をしていいか分からなくて、とうとうそいつを殴ってやったんだ。そしたら、そいつの歯が折れて、僕は退学になった。父さんは僕

に怒鳴って、外出を禁止したんだけど、そもそもなんで喧嘩したのかは聞いてこなかった。

　10代の時はもがいていた。何も問題なく、何も気にしていないふりをしていたけど。成績は最悪で、最終的には留年して学校もやめてしまった。自殺も考えていた。

姿を隠した少女

　煙と共に消えてしまうってどんな感じだろうっていつも思っていました。残されたみんなが、「何が起きたんだ？　今までここにいたのに。どこに行ったんだ。神隠しみたいだ！」なんて言ってるんです。

　消えたかったんです。消える方法は何でもよかったの。事故で即死するとか、不思議の国のアリスみたいにウサギの穴に落ちるとか。自分の生活から逃げ出せるなら、何でもしていたでしょう。

　それで、学校に行かなくなって、自分の部屋に姿を消したんです。音楽とポスターに囲まれ、現実逃避していました。その場所が大好きだったんです。なんでリアルな世界で生きていく必要があるの？　何年間もその部屋で過ごしました。そこでは学校にも宿題にも大人にもいじめっ子にも向き合わなくてよかったんです。いじめっ子ときたら、殴ってきたり、背後から忍び寄って髪を引っ張ったり、嫌な噂を流したり……。自分の部屋では誰からも傷つけられませんでした。私が部屋に隠れた理由は誰も知りませんでした。私の秘密だったんです。

　自分の部屋には必要なものがすべてありました。ほとんどは。でも、たったひとつ、問題がありました。みじめな気持ちも一緒だったんです。結局のところ、負け組だから人生うまくやれないんですよね。

みんなをだましていた少女

　私は人気者だったわ。流行りの服を着て、人気者にふさわしい人たちとつき合っていて。私を見た人は誰だって、私はすべてを手に入れていると思ったでしょうね。

　私はそういう人たちをだましていたの。でも、毎日、いつかバレるっていう恐怖に満ちていたわ。密かに自分はおかしいと思っていた。でも、みんなにはそんなことないと信じ込ませなければいけなかったの。少なくともその時は。ある意味、一人でいられる子たちを、私は尊敬していた。少なくとも、一人でやっていけていたんだもの。

　毎日恐怖で、食べるのも眠るのも大変だったわ。"間違いなくイケてる"スニーカーを探すのに、3週間もかけたの。ただ校門を通るために、ソールの模様までイケてないとダメだったの。友だちっていうことになっている人たちの一語一句や仕草に、何日も思い悩んでいたわ。「あれってどういう意味だったの？」「挨拶したのに、こっちを見てくれなかったのはなんで？」って感じで。ずっとずっと、何年も何年もそんな感じ……。すごく疲れた。

　ゲームだったんだよね。人より面白くなくちゃいけない、目立たなくちゃいけない、やせていなくちゃいけない、良くないといけないって。でも、良すぎてもダメ。細い線の上を歩くようなものだった。ぴったりじゃなきゃダメだったから。一番のルール？　それは、誰にも自分の恐怖を悟られないこと。でも、私はいつも怖くって、パニック寸前だった。自分の髪型も肌も体型も嫌で嫌でたまらなかった。とってもぎこちなく感じていたわ。最悪だったのは、自分が何者なのか、その手がかりさえつかめていなかったこと。だから自分のことが大嫌いだった。

闘いはどう終わったのでしょう？

　2〜3年先（いやいや、もっと先ですよね）に早送りしてみましょう。この3人の若者は最終的には大学を卒業して、友だちも見つけて、恋人もできました。今でも3人の人生にはいろいろ大変なことがありますが、3人とも自分が何者なのか、よく分かっていますし、自分にとって大切なことに沿って生きています。

　この3人というのはこの本の著者です。私たち、ジョセフ、ルイーズ、アンの3人です。

　私たちが10代の時、他のみんなは気楽そうだと思っていました。私たちはそれぞれ、自分だけがもがき苦しんでいると思っていたのです。私たちはかなり間違っていました。最終的に、私たちは全員が自分の中のおかしなところを直すために、心理学を学びました。けれども、その過程の中で、私たちはみんなももがいていることを発見したのです。すごく成功しているような人たちでさえも、ポジティブな経験だけでなく、嫌な経験もたくさんしてきています。実際、感情は常に変化するもので、一日、一時間、一分ごとにも変わっていきます。恐怖、悲しみ、恥、自信のなさなど、中身はどうであれ、感情的な苦しみをみんなが経験するのです。私たちは、友だちを見つけること、友情を築くことに苦労します。私たちは誰もが恋愛で苦労し、嫌われることを恐れるのです。私たちは、心の中では自分は弱いし、全然ダメだと思っていても、他の人からは良く見られたいのです。

　暗い顔をするなと言われるので、ほとんどの人は不幸には見えません。みんなが自分の弱さを隠そうとしがちなので、私たちは他の人たちももがいていることになかなか気づきません。この章の最初で、"みんなに秘密がある"と言ったのはこういう意味なのです。誰もが人生のどこかでもがき苦しむけれど、それを人には隠そうとします。

　この本から学んでほしい一番大切なことは、“あなたはあなたらしく生きられる”ということです。あなたは自分について、他人について、自分の可能性についてもっと知ることができ、そのことは、あなたが才能を発揮し、興味を表現できる人生を歩むことに役立つのです。「そんなわけない」なんて、誰も言うことはできません。もし、「あなたがあなたらしく生きるなんて無理だよ」と言う人がいたら、そんな人のことは信じなくていいのです。

まとめ

　私たち、この本を書いた3人が、10代の時にもがき苦しんだことをなんとか乗り越えてきたと知って、勇気をもってほしいのです。何年もかかりましたが、なんとか乗り越えてきたのです。周りの人たちは私たちに何をすべきだとか、すべきでないとか言いましたが、そういう声に惑わされることなく、自分自身の心の声を聞くことを身につけていったのです。

　この本は、私たちのように、何年もかけるのではなく、今、あなたがあなた自身の声に耳を傾けていくことをお手伝いします。そこで、今ちょっと時間をとって、あなたが誰なのか、どんなふうになりたいのか、考えてみてください。それから先を読んでください。次の章に進んで、新しい生き方への扉を開くのです。

第2章

マインドフル勇者になる

　我らを怖がらせるような場所に行かせたまえ。勇者の人生を送らせ
たまえ。

——ペマ・チョドロン^{訳注1）}

　この本のねらいは、あなたがもっと強くなって、私たちが"マインドフ
ル勇者のスキル"と呼ぶスキルを身につけるのを手助けすることです。今
は、ちょっと奇妙に聞こえるとは思います。「どうでもいいけど、マイン
ドフル勇者って何なのさ？」ということですよね。そう、これは狂人のよ
うに戦場で暴れる人ではありません。衝動的、攻撃的に振る舞う人でもあ
りません。冷酷で計算高い人でもありません。

　その本当の意味を細かく見てみましょう。"マインドフル"というのは、
意識的かつ好奇心をもって注意を向けるという意味です。そして"勇者"
は意欲と勇気をもって、大切だと思うことを追い求める人です。よって、
この2つを合わせると、マインドフル勇者とは、自分のマインド^{訳注2）}に
ついて学んでいて、勇気ある振る舞い方が分かっていて、自分が大切だと

訳注1）アメリカのチベット仏教の僧。
訳注2）この本では"心・精神"という意味の英語 mind を、普段とはちょっと違う意味
　　　で使っています。読み進むうちに、その意味が分かってくるでしょう。

　思うこと、つまり、"価値"に沿って生きようとしている人だということになります。

　かなりいい感じでしょう？

　あなたはまだマインドフル勇者になるために必要なすべてのスキルはもっていないと思います。あるいは、このスキルの学び方もまだ分かっていないでしょう。けれども、この本を読み進めていけば、これらのスキルについて学ぶことになりますし、たくさん練習するチャンスもあります。

マインドフル勇者はしなやかである

　マインドフル勇者は4つの鍵となるスキルを使います。最初の一文字をつなげて、しなやかと覚えられるでしょう。

し　深呼吸をして、心を整える

な　何が起きているか観察する

や　やりたいこと・大切にしたい価値に耳を傾ける

か　価値に沿った行動を決めて、実行する

　これらのスキルはかなり簡単そうに思えるかもしれないし、本当に役に立つのかと怪しく思うかもしれませんね。確かめる方法は1つしかありません。やってみるのです。この本を読みながら、試してみてください。この本はただ読むための本ではないのです。ステップごとに導いていく、ガイドブックなのです。本書には最初から最後まで、あなたがやってみることになるエクササイズが出てきます。簡単そうなものも、難しそうなものもあります。なんだかバカバカしく思えるものもあります。（でも、バカバカしいことは楽しかったりもしますよね？）

　実は、この<u>しなやか</u>スキルはあなたが自分の気持ちにもっと上手に対応することに役立ちます。それは、大切に思うことにコミット（＝取り組む）し続け、自分が望む人生を創造できるようにしてくれるのです。では、私たちがどこに向かっているのか、もっとイメージできるように、もう少し詳しくこれらのスキルを見てみましょう。

深呼吸をして、心を整える

　呼吸を船の"碇"だと思ってください。感情の荒波があなたを押し流そうとしても、とどまりたいと思う場所にとどまることを助けてくれるのです。私たちは常に呼吸をしていますが、それが心の強さと安定につながることを意識しているわけではありません。第4章で、マインドフルな呼吸と内なる平穏を見いだすための他のスキルをお伝えします。

何が起きているか観察する

　深呼吸をし、心を整え、碇をおろせば、自分が感じたり、考えたりしていることに気づくための、観察スキルを使うことができます。観察スキルを使えば、自分の考えと気持ちにとらわれ、人生を支配されてしまうので

はなく、考えや気持ちと少し距離をおくことができます。自信がないからといって、自分の人生を生きることをためらう必要はありません。友人や恋人を作ることを、怖いからといってためらう必要もありません。観察すれば、厄介な気持ちから少し距離をおけるので、あなたの歩みたい道を選べるのです。第3章から第9章で、観察スキルをお伝えします。このスキルをマスターすれば、自分自身のマスターになれるのです。

やりたいこと・大切にしたい価値に耳を傾ける

マインドフル勇者は意欲をもって行動します。重要な問いは「あなたは何に自分の意欲や情熱を向けたいと思っているか？」です。『ファイトクラブ』という本でドアマンが言っていましたが、「何を望んでいるのか分からないと、望まないものばかり山ほど手に入れてしまう」のです。あなたは自分がやりたいこと、人生で大切に思っているものを知っていますか？　それを知らない人たちも多くいるのです。たぶん、そういう人間にはなりたくないでしょう。やりたいこと・大切にしたい価値に耳を傾けるということは、あなたの人生で何が重要なのか、あなたにとって何が大切なのか、自分自身に対して、人との関係で、広い世界の中で、あなたはどう振る舞いたいのかを見つけていくという意味です。第10章から第13章で、あなたが大切に思っている様々な価値に気づけるようにお手伝いします。自分自身と自分の大切にしたい価値に対して正直な生き方をすれば、充実した人生が送れて、夢をもっと実現しやすくなるのです。

価値に沿った行動を決めて、実行する

何を望んでいるのか気づいたら、自分のゴールと大切にしたい価値に近づけるような行動を選び、それにコミットする必要があります。これには勇気がいるでしょう。なぜなら、自分が大切に思っていることをするためには、時には自分の恐怖と正面から向き合わないといけないからです。第

11章から第13章で、自分の大切にしたい価値を行動に移すお手伝いをします。

勇者のスキルを身につけた時

　マインドフル勇者は自分自身を観察し、自分の欠点も受け入れながら生きることを学びます。恐怖に立ち向かうことを学び、その過程で勇気を育てるのです。勇気には、誰かを救うために火災現場に突入することや、スカイダイビングをする度胸以上のものがあると、マインドフル勇者は知っています。作家でもあり芸術家でもあるメアリー・アン・ラッドマッカーが言っています。「大きな声で周りにアピールすることが、勇気とは限りません。時として、勇気とは一日の終わりに『明日も、また頑張ろう』という静かな声なのです」

　もちろん、勇気はいつでも使えます。この本で紹介するスキルを練習していくと、いろいろな効果を実感できるでしょう。

- 自信がなくて不安な時でもなお、あなたは一歩踏み出せるでしょう。
- 腹が立った時、怒りにまかせて行動するかどうか、選べるようになるでしょう。
- 疲れていてやる気が起きない時でも、自分が大切に思うことへコミットし続け、ゴールに向かって進んでいくことができるでしょう。
- 過ちや失敗は人生の一部ですが、それを経験する時、あなたはもっと強くなれるでしょう。

まとめ

　マインドフル勇者は人生で出会うさまざまなことにうまく対応します。

逃げ出しはしません。マインドフルスキルを駆使しておだやかでいれば、人生で直面する困難に正面から向き合い、自分の考えや気持ちにとらわれる必要などないことを発見するのです。大切にしたい価値に沿っている時にはその行動を貫き、そうでない時は行動を変えることができます。マインドフルであれば、考え、気持ち、行動にしなやかさが生まれるのです。

　マインドフルネスは、勇気と強さをもって自分の人生を歩む方法を見つけるための土台であり、4つのしなやかスキルを実践していけば、あなたのマインドフルネスはより上達していきます。この逆は"マインドレスネス"です。これは、考えずに、あるいは、あまり注意を払わずに何かをしてしまう、自分自身の気持ちから逃げる、大切に思うことをしないという意味です。マインドレスネスは、たいていしなやかではありません。

　あなたがどのスキルを学んでいるのか分かりやすくするため、そして、あなたが頑張ってスキルを練習するためのガイドとなるように、第3章から第13章までの冒頭に下のような表があります。表には、それぞれの章で焦点を当てているスキルにチェックが入っています。

この章で学ぶスキル	
し 深呼吸をして、心を整える	
な 何が起きているか観察する	
や やりたいこと・大切にしたい価値に耳を傾ける	
か 価値に沿った行動を決めて、実行する	

パート2

内なる闘い

混乱の最中にいる時は、それをコントロールしようとしなくてもよい。ただそれに浸り、その瞬間にそれを経験し、どうこうしようとするのではなく、ただ流れに身をまかせるのだ。

——レオ・バボータ^{訳注)}

訳注）アメリカの作家・人気ブロガー。

~~~~~~~~~~~~~~~~~ 第 **3** 章 ~~~~~~~~~~~~~~~~~

旅に出る

この章で学ぶスキル	
し 深呼吸をして、心を整える	
な 何が起きているか観察する	✓
や やりたいこと・大切にしたい価値に耳を傾ける	
か 価値に沿った行動を決めて、実行する	

　人生の旅の途中、気がつくと暗い森の中にいた。まっすぐな道が失われていたために──。

　　　　　　　　　　　　　　──ダンテ・アリギエーリ[訳注]

　私たちは、この本が"発見の旅"であると言いました。一人で旅をするわけではありません。二人の若者が一緒です。ミカとケンです。ミカとケンは二人とも行きづまっていて、自分らしい生き方を探そうと、もがいています。あなたはこの旅の中で、二人がマインドフル勇者に変身していくことが分かるでしょう。しかし、ただ願うだけでは、変身することはでき

────────────────────

訳注）中世イタリアの詩人・哲学者で『神曲』の作者。

ません。これからの道のりで分かるように、二人は練習をする必要がある
のです。

　この二人のキャラクターは、私たちがこれまで関わってきた若者（わかもの）や、そ
の若者たちの人生をもとに生み出されました。二人は、マインドフル勇者
のスキルを使って自分自身を理解し、自分らしい生き方を発見するまでの
ストーリーを、あなたに見せてくれるでしょう。私たちは、あなたが二人
のストーリーにふれて、勇者のスキルを試してみようという気持ちになる
ことを期待しています。

　二人のストーリーを読み進める時は、二人とあなたとの共通点を観察し
てみてください。二人がマインドレスになっている時と、マインドフルな
勇者らしくしなやかスキルを使って振（ふ）る舞（ま）っている時に注目してください。

ミカ：私の人生はおしまい！

　どうも、私はミカ。

　始まりは、去年のことだったわ。すべてが終わったとも言えるかも。
当時、親友のマキは、ショウのことがとっても好きだったの。でも、
ショウはマキじゃなくて、私のことが好きだったの。ある日、クラス
メイトとカラオケに行っている時、私がショウと仲良くしゃべってい
るのをマキが見てたみたい。マキはとっても怒（おこ）って、私にひどいメー
ルを送ってきたの。「ショウを奪（うば）うなんてひどい！　私のものなの
に！」って書いてあったかな。でも、ショウはマキのものではなかった
わ。だって、デートをしたことさえなかったんだから！　それに、
さっきも言ったように、ショウは私のことが好きだったの。

　その腹（はら）いせなのかな。次の日、マキは学校でありもしない噂（うわさ）を広め
たの。私がショウとキスをしたって。もうすべてを世界に知られてい
る気分だった。しかも、ショウ本人は、私と目を合わせようともしな

かったの。ショウは、「キスをした」なんてただの噂だって知っていたのに。全部私が悪いみたいに。

　もう何もかもむちゃくちゃ。だって、一瞬にして親友も、好きだった人も、学校生活も失ったんだから。はぁ……、私の人生はもうおしまい。たったひとつのこんな出来事のせいで。

　他のことも話すべきかな。私は 17 歳で、母親と兄弟 2 人と暮らしているわ。大金持ちってわけじゃないけど、まあまあの家。自分の部屋もあるし。でも、私の部屋に来たら笑うと思う。ミュージシャンやタレント、好きな映画のポスターなんかや、今までに行ったライブのチケットとかで、壁も天井もほとんど隙間なく埋まっているから。壊れた iPod とかガラクタなんかも壁にくっつけてあるしね。それに自分で描いた絵もあるわ。アートは苦手じゃないの。

　私の部屋は、自分を表すコレクションみたいなもの。お母さんは、私が家を出たら、部屋をきれいにしなくちゃって言うの。一度、私の部屋を自分の友だちに見せるために、写真を撮ったのよ。そのうえ、ドアに「危険！　ゴミ散乱中」っていう張り紙までしたの。そうすれ

ば、お母さんは私が部屋を掃除するだろうと思ったんでしょうね。でも、掃除なんてしなかったし、今でも張り紙はそのまま。その方がいいの。それに今は、私はドアを閉めたままにして、お母さんは私の部屋の掃除には関わらないってことにしたの。

　あと、今は夏休みだから、学校には行ってないの。それに、いわゆる"友だち"には会えないし。だから今、私の生活は自分の部屋にこもってばかり。

ケン：なんでこんなことになっちまったんだろう？

　やぁ、俺はケン。15歳。今、1週間の自宅謹慎中なんだ。学校は、俺が怒りをうまくコントロールできないことを問題にしてるんだ。俺は1年生の時から学校にうまくなじめなくて、すべてはその時から始まったんだ。学校では、いくつかのグループがあってね。部活命タイプ、オシャレ命タイプ、友だちがいなくて本ばっかり読んでいるオタクタイプ。あと最後に、不良タイプ。やつらがクラスを仕切ってたんだ。やつらは相当仲間意識が強くて、部外者は入れたがらなかった。自分のグループに入っていないやつらをバカにしてばかりいた。あまり認めたくないんだけど、俺はそいつらにはかなりビビッてた。そいつらに目をつけられたくなかったんだ。

　そんな中でなんとかしなくちゃいけなかったけど、どうしたらいいか分からなかった。どっちかと言えばやせていたし、たぶん、喧嘩になったら勝てないだろうし。自分で分かっていたし、まぁ他の皆も分かっていただろうな。だから、俺は何かしなくちゃって思ったんだ。

　うまくやっていくには、やつらのグループに入るしかない。そうすれば、誰も俺に手を出すことはできない。

　仲間になった日のことは覚えている。ヒロっていうやつがいて、み

んながヒロのことをからかっていたんだ。あいつはいじられやすかっ
たんだ。今思うと、自分のやったことに自分でむかつく。俺は、ヒロ
はゲイで男の恋人がいるっていう作り話をしたんだ。ヒロが恋人とあ
あしたこうしたとネタを考えて、学校の仲間何人かにメールしたんだ。
あいつらに、このことを話したら、すごく気に入られて、仲間になっ
たんだ。それから、みんなは俺がそういうことをするやつだって思う
ようになったんだ。俺は不良のふりをするようになって、喧嘩を始め
た。みんなに怖がられたかったんだ。そうでなければ、おしまいだっ
た。24時間365日、不良のふりをするしかなかったんだ。

　ヒロの父親が学校に苦情を訴えてきて、噂の出どころが、俺のケー
タイだってバレたんだ。それで、今は1週間の自宅謹慎中で、これか
ら先どうなるのか分からない。みんなに、俺はいじめの加害者で、ヒ
ロを傷つけたって言われる。ヒロは、カウンセラーにかからなきゃい
けない状態らしいんだ。俺は、ただ他のやつらの仲間に入りたかった
だけだったんだけど、今じゃクソみたいな気分だよ。自分はどこかお
かしいんだろうな。自分にうんざりしてるんだけど、やつらには言え
ないんだ。家でいろんなものを殴ったり、蹴ったりしたけど、まだ怒
りがおさまらない。

✦ エクササイズ ✦　ミカとケンに起こっていることに気づく

　ここで、エクササイズをやってみましょう。今見てきたストーリーの中で、ミカとケンに何が起こっていたのか、少し考えてみましょう。特に、ミカとケンがマインドフル勇者のように見えるかどうか、観察してみましょう。彼らは、自分にとって大切なことを貫いていますか？　自分の考えや気持ちを観察し、それらに振り回されることなく、しなやかに行動していますか？　それとも、自分自身から逃げ出して、しなやかでない行動をしていますか？　たいていは、自分のことを観察するよりも、他の人の人生でうまくいっていないことを観察する方がずっと簡単ですよね。そのため、みなさんには、ミカとケンのストーリーで、観察する練習を始めてもらいます。二人の状況について考えて、以下の質問に答えてみましょう。

1. 二人のストーリーは、それぞれどんなふうにまとめられますか？　ミカとケンには、どんな出来事が起こりましたか？　明らかなことは何ですか？
2. 二人が今どんな気持ちになっているか、簡単に考えてみてください。

　それでは、想定される答えを以下に述べてみます。ただし、これらが唯一の答えというわけではありません。

ミカ

1. ミカは学校で嫌な思いをしている。彼女が悪かったわけではないが、今何をしたらよいのか分からないでいる。この時点で、彼女は友人から距離をとっている。
2. たったひとつの出来事によって、人生が台無しになったかのように

感じている。

ケン

1. ケンは不良集団を恐れ、不良のふりをすることにした。同級生をいじめたことで、今は自宅謹慎になっている。
2. 自分に嫌気がさしていて、自分はおかしいと感じている。いつも怒りを感じていて、ものに当たっては怒りのはけ口を見つけようとしている。

　二人の状況は全く違うものの、ミカもケンも、それぞれの形で"行きづまり"を感じていると考えられます。望まない状況の中で、どうしてよいのか分からないのです。そして、そこから逃げ出す方法について考えて、さらに行きづまっています。それでも二人のマインドは、うまく逃れる方法がないか、見つけようと努力しています。

✴ エクササイズ ✴　あなたのストーリーに起こっていることに気づく

　さて、あなたのストーリーはどのようなものでしょうか？　今、あなたの人生に起きていることについて、何が観察できるでしょうか？　自分の人生の旅路と（体験していれば）闘いをまとめてみましょう。あなたはミカと似ていますか？　それともケンと似ていますか？　あるいは、どちらとも似ていないでしょうか？　ミカとケンが書いたように、あなた自身のストーリーとあなたが直面している闘いを以下のスペースに書いてみましょう。何を書いていいのか、"行きづまって"いるなら、あなたがなぜこの本を読むことになったのか書いてみてください。もっとスペースが必要ならば、他の紙やノートを使ってみましょう。

　　さて、あなたが書いたストーリーについて、何が観察できるか考えてください。あなたが体験している感じ方にも、「行きづまる」という表現は当てはまりますか？　不安や怒り、恐怖を感じて行きづまっているのでしょうか？　あるいは、あなたに起きたことにとらわれて、動けないような感じがしていますか？　もし、あなたの状況に「行きづまっている」とか「とらわれている」といった表現がしっくりこないなら、「悪戦苦闘中」「自信がない」「怖い」など、自分の状況を表す別の言葉が1つか2つ思い浮かぶかもしれません。

まとめ

　　私たち人間は、行きづまりを感じるのが好きではありません。でもそれは、マインドフル勇者のスキルを使う最大のチャンスでもあります。ぜひ、試してみませんか？　この本を読んでいけば、次第に行きづまりを感じなくなり、意外な形で人生が開けていくと、私たちは自信をもっています。

第4章

内なる平穏を見いだす

この章で学ぶスキル	
し 深呼吸をして、心を整える	✓
な 何が起きているか観察する	✓
や やりたいこと・大切にしたい価値に耳を傾ける	
か 価値に沿った行動を決めて、実行する	

自己は、その真の声を知る前に静寂を知らねばならない。

——ラルフ・ブラム^{訳注)}

　この章で紹介するエクササイズは、とてもつらい時でも、揺るがずにいられるスキルを教えてくれます。これらのスキルは、マインドフル勇者になるには必要不可欠な、マインドフルネスを習得するのに役立ちます。また、自分自身の心を整えて、その時に何が生じているかを観察し、平穏を見いだすのを助けてくれるでしょう。それは、価値に沿ったことを自分で行えるようにしてくれます。こうして、人生において避けることのできな

訳注）アメリカの作家。

いような嵐の中でも、迷わずにすむのです。人生におけるさまざまなこと
と同じで、成功への道は、練習、練習、また練習につきます。ですから、
エクササイズは読みとばさないでください。時間をかけて、実際にやって
みてください。そして、この本を読み進めながら、エクササイズを続けて
ください。

✪ エクササイズ ✪　マインドフルに呼吸する

　あなたは息の仕方を知っているでしょう。でも、このスキルがマインド
フル勇者にとってどれほど役立つかは知らないでしょう。このエクササイ
ズで、私たちは呼吸を"碇"として使う新しい方法を伝えます。港につな
がれた船を思い浮かべてください。海は荒れていて、風がヒューヒューと
鳴っています。船が港の外へと引っ張られ、押し流されるのを防いでいる
ものは何でしょうか？　碇なのです。船は碇をおろせば、激しい嵐の中で
もその場にとどまることができます。

　ここであなたに伝える呼吸法は、マインドフル呼吸法と呼ばれています。
このスキルは、あらゆる状況においてあなたを助けてくれるでしょう。自
分が考えや気持ちにとらわれてしまっていることに気づいた時、マインド
フルな呼吸をすると、再び安定した土台に立つことができるのです。それ
は、考えや気持ちを消し去るものではないし、そうすることがゴールでも
ありません。あなたは、考えや気持ちとともに、いきいきと生きることを
学ぶ必要があります。マインドフルな呼吸は、嵐の真っ只中にいるように
感じる時でも、しっかりと立っていられるようにしてくれます。その嵐が、
あなたの身体の内で荒れていようと、外の世界で暴れていようと、関係あ
りません。それは、マインドレスに反応するのではなくて、立ち止まって
よく考えて反応するように助けてくれるのです。呼吸に焦点を当てると、
自分自身に集中して、どのように生きたいのかを決定するための落ちつき

を得ることができます。練習すれば、問題解決に対してよりしなやかになれるような、内なる平穏を見いだせるでしょう。

ステップ1：呼吸に気づく

まずは、今この瞬間にどう呼吸しているのか、ただ気づくところから始めましょう。片方の手を胸に、もう片方の手をお腹にあててください。この位置で手をリラックスさせ、しばらくの間、自分の呼吸を観察してください。息を吸う時、お腹にあてた手が押し上げられていますか？　それとも、胸にあてた手が押し上げられていますか？　あるいは、両方の手が少しずつ押し上げられていますか？

おそらく、胸にあてた手の方がより動いているのではないでしょうか。ほとんどの人は、胸で息をする傾向があります。これは普通のことです。ところが、これからあなたは、お腹で息をすることを学びます。

ステップ2：風船をふくらませる

手はそのままの位置に置いて、背筋を伸ばして座ってください。ここでは、いつもと少し違ったことをするために、イメージを使います。お腹の中に風船が入っているのをイメージしてみましょう。息を吸うと、お腹の風船はふくらんで大きくなり、お腹もふくれます。そして、息を吐くと、風船は小さくなります。どんどんしぼんで、あなたのお腹もへこみます。

このように呼吸をすると、胸の手はあまり動かないはずです。このような呼吸法に慣れるには、時間がかかるでしょう。おそらく、今までやってきたやり方とは違うので、練習が必要になるでしょう。とにかくやってみて、息を観察し続けてください。息を吸うと風船はふくらみ、大きくなります。息を吐くと、風船はしぼみ、小さくなります。

呼吸に集中するのが難しくても、落ち込まないでください。みんなそうなのです。そんな時は、呼吸しながら数を数えるといいでしょう。息を吸

う時はふくらむことをイメージして「1、2、3」、吐く時はしぼむイメージで「1、2、3」と数えるのです。

　少なくとも、1分間はこの呼吸を練習してみてください。1分たっても、まだ感情の渦の中にいるように感じるかもしれません。そんな時は、深い呼吸を3分間か、もう少し長く実践してください。

ステップ3：練習する

　あとは練習あるのみです。このスキルがうまくなるには、少なくとも週数回の練習が必要です。おすすめは、一回、数分の練習を毎日することです。気持ちが落ち着いている時に練習をすると、気持ちが高ぶるような時でも、より楽に呼吸できるようになるでしょう。

　マインドフル呼吸法のいいところは、いつでもどこでも実践できることです。バスを待っている時でも、息を吸う時はお腹の風船がふくらんでいるイメージで、息を吐く時はしぼむイメージでやってみましょう。授業中でも音楽を聴いている時でも、時間を有効活用し、この腹式呼吸を練習しましょう。

　さらに、こうした深い呼吸は、“今この瞬間”にもっと注目し、“今この瞬間”とつながることを助けてくれます。言い換えると、それは、もっとマインドフルになるのに役立ち、他の多くのエクササイズの基礎となります。以下で紹介するエクササイズは、そのうちほんの数例です。すべてのエクササイズの前には、1〜2分のマインドフル呼吸法をするといいでしょう。

　怒り、恐怖、ストレス、動揺などを感じた時は、このマインドフル呼吸法をやってみることを思い出してください。とても落ち着くので、あなたもその効果に驚くでしょう。これは、勇者がもてる最高のスキルのひとつなのです。

ミカ：内なる平穏を見いだす

　マインドフル呼吸法なんて、なんかダサくない？　自分の呼吸法で、何かが変わるなんて思ってもみなかったし。どうしてそんなことがありえるの？　私たちは、生まれた時から息をしてるのに！　でも、しなやかに生きるっていうアイディアは気に入ったわ。だから、試してみることにしたの。

　それに、家で座ってるだけじゃなくて、何か他のことをやりたいし。今は、何でもやってみようって気になっているの。で、練習を始めたわ。このやり方で呼吸しようとするんだけど、もう気が散りまくり。それで、吸う時にゆっくり3まで数えて、吐く時にも3まで数えてみたら、ちょっとましになった感じがする。ここ2週間ほど、毎日、ちょっとずつやっているわ。練習はいいんだけど、自分がマインドフル勇者に変われたなんて思えなかったな。大して何も起こらなかったし……、そうついさっきまでは。

さっきね、お母さんと大喧嘩したの。私、全身震えていたし、叫んで飛び出していきたい気持ちだったの。ベッドに座って、大泣きしたわ。でもね、それから練習したやり方で呼吸を数えてみたの。お母さんに対する怒りの気持ちはなくならなかったけど、飛び出していきたいっていう気持ちは少しおさまったし、ちょっとだけ自分自身をコントロールできたように感じたわ。

嵐を乗り越える

ミカはこのエクササイズの練習をかなりうまくやっています。そして、彼女の言ったことは正しいのです。マインドフル呼吸法は、やっかいな気持ちをなくしてくれるわけではありません。そうした気持ちをなくすことが目的でもありません。むしろ、感情に流されずに、碇をおろすのを助けてくれます。それは気持ちをなくすこととは違います。ですから、マインドフル呼吸法を練習しながらも、ミカはまだ少し怒りが残っているでしょうし、前よりうまく自分をコントロールできているとも感じているでしょう。ミカのとてもいいところは、嫌な出来事が起きた時にこうした方法を使えるようにするには、気持ちが落ち着いている時に練習していた方がよいと分かっていることです。

★エクササイズ★　あなたの身体にアンテナを向ける

このエクササイズでは、呼吸を碇として使うことからさらに一歩進みます。身体の中で起きていることにアンテナを向けることによって、観察するスキルを磨きます。

まずは、マインドフル呼吸法をすることから始めましょう。風船をイメージしながらしばらく呼吸をしてみてください。

　続いて、身体の各部分を意識します。注意を向けましょう。まず足に注意を向け、足の裏が床に触れているのを感じてみます。足がそこにあることに気づくためには爪先を動かしてみる必要があるかもしれません。足のあらゆる感覚に気づけるよう、少し時間をかけてみてください。すると、床の温度や靴下のしわなどの感覚を観察できるかもしれません。気づくことは何でもよいのです。これらすべてのことに注意を向けながら、マインドフルに呼吸を続けてください。

　次に、肩と首を観察しましょう。そこに感じる、すべての感覚を意識できるか試してください。温度であったり、衣服が身体に触れている感覚であったり、ひょっとすると筋肉の緊張も分かるかもしれません。やってみてください。気づくことは何でもよいのです。肩の感覚を意識するために、肩をぐるぐる回してもかまいません。

　ここまでくれば、このエクササイズの目的が分かってきたでしょう。身体の感覚に気づきながら、ゆっくりと深く、マインドフルに呼吸するのです。身体のどの部分でも、感覚を意識するポイントとして使うことができます。身体のあらゆる部分に順番に、この意識するポイントを動かしていってもいいのです。このエクササイズによって、"マインドフルネス筋"を鍛えることができます。そして、それは試験前や物事がうまくいかない時など、ストレスを感じる時間を乗り切ることを助けてくれるのです。

★ エクササイズ ★　新しいやり方で音楽を聴く

　好きな曲を聴くことによってマインドフル勇者のスキルを高めることができたら、どんなにいいでしょうか？　このエクササイズには、あなたが大好きで繰り返し何度も聴いている曲が必要です。このエクササイズでは、その曲を使いますが、曲のいつもと違う部分に対してマインドフルになるように練習するのです。

　曲をかける前に、楽な姿勢で座ってください。

　自分の碇をおろすために、深く、マインドフルな呼吸を数回やってみましょう。座ったままで、静かにふくらむことをイメージして「1、2、3」、しぼむイメージで「1、2、3」と数えます。

　次に、曲をかけて、曲にすべての注意を向けます。他のことは何もしないように。自分の注意が音楽からそれていくのが分かるかもしれません。それはそれでいいのです。誰にでも起こることですから。実は、注意がそれてしまったことに気づくのも、エクササイズの一部なのです。注意がそれた時は、自分の注意を音楽へもう一度戻しましょう。

　一曲終わったら、その曲をもう一回かけてもいいですし、別の曲を聴いてもかまいません。（すぐにやってもいいですし、別の時に試してもかまいません。）その時はまた、すべての注意を音楽に向けてください。けれども、今度は、歌の違う部分へと注意を移動させる練習をしてみます。例えば、最初はボーカルの声に意識のすべてを集中してください。それからギター、キーボード、別の楽器、それからまた別の楽器へと注意を移動させます。リズムやテンポのようなものも観察することができます。曲のある部分に注意を向けて30秒たったら、次の部分へ移ってください。これはいい観察の練習になります。自分のマインドがさまよっていると気づいたら、音楽に注意を戻します。スキルを実践するために必要なのは、ただこれだけなのです。

観察スキルを高める他の方法

　マインドフルネスはいろいろな楽しいやり方で実践することができます。例えば、関心をもって食べ物に注意を向けることで、マインドフルな食べ方ができます。食べる時に、五感のすべてを使ってください。食べ物を見て、味わって、匂いをかいで、触って、耳まで傾けてみましょうか。

　何であろうと、ほとんどのことはマインドフルに行うことができます。家事などの雑用でも、散歩でも、シャワーを浴びることでも、ペットと遊ぶことでも、マインドフルにできるのです。

　マインドフルに会話をすることもできます。話している相手に100％の注意を払って、その相手が何を感じているのか、心から理解しようとするのです。じっくり聴いていることがマインドフルであって、相手に何を言うか考えているのはマインドレスということになります。マインドフルな聴き方が、友情を強くするのにとても役立つということに、あなたは驚くでしょう。もっとよく知りたいと思う相手に、以下の質問をひとつしてみましょう。そして、相手が答える時にはマインドフルに聴くのです。

- 今までで、一番勇気を出してやったことは何ですか？
- 今年の一番大きな目標は何ですか？
- 自分のお金は何に一番使っていますか？
- 今まで言われた中で、最高のほめ言葉は何ですか？
- 去年、一番楽しかったことは何ですか？
- もっと知りたいなと思うことは何ですか？

まとめ

　マインドフルな"呼吸と観察"。この単純なスキルが、マインドフル勇者となる鍵になるのです。普段している呼吸すら、スキルとして使うことができるのです。マインドにとらわれてしまい、ひどく感情的になって、コントロールできないと感じている時には、呼吸にアンテナを向けてください。ただ呼吸に気づき、深く呼吸をし、数えるのです。「1、2、3」、「1、2、3」と。こんなにもシンプルなのです。必ず、この章のすべてのエクササイズをやってみてください。"呼吸と観察"は、この本の最後まで、

そして、あなたの一生を通じて、ずっと使っていくことになるスキルですから。

第 **5** 章

内なる闘いを観察する

この章で学ぶスキル	
し 深呼吸をして、心を整える	✓
な 何が起きているか観察する	✓
や やりたいこと・大切にしたい価値に耳を傾ける	
か 価値に沿った行動を決めて、実行する	

　私たちは自分の心という怪物から逃れることに、人生のすべてを使いかねない。

——ペマ・チョドロン[訳注]

　マインドフル勇者は、闘うことが目的の闘いはしません。そうではなくて、重要なことや自分にとって大切なことのために闘うのです。自分が大切にする価値のために闘うのです。

　この章では、私たち人間が自分の感情とどのように闘ってしまいがちなのかがテーマになります。人間は、感情というものを内なる怪物のように

訳注）アメリカのチベット仏教の僧。

感じ、それを追い払おうとします。私たちは、あなたが感情と闘っていることに気がつくよう、観察スキルを伝授します。もし、自分の気持ちを受け入れられなかったり、あるいは感情を追い払おうとしたことがあるのなら、この章はあなたにとって重要な章になるでしょう。

　実際には、気持ちと考えはつながっています。第5章と第6章では気持ちに、第7章と第8章では考えに焦点を当て、両者のつながりを説明します。さらに、あなたの内側で何が起こっているのかを明らかにしていきます。

感情を理解する

　最初に、感情とはどのようなものなのか見てみましょう。誰もが感情をもっていますが、ほとんどの人は、なぜ自分に感情があるのか、あるいは感情にどんな役割があるのか、本当の意味では分かっていません。多くの心理学者が、人間には次の9つの基本的感情があると考えています。

- 喜び
- 恐怖
- 怒り

- 驚き
- 愛
- 嫌悪

- 悲しみ
- 罪悪感
- 好奇心

　もちろん、一つ一つの感情の中にもいろいろな"味"があって、いろいろな気持ちが"ミックス"されることもあるでしょう。けれども、今はこの9つの基本的感情について考えてみましょう。もう一度リストを見てみましょう。あなたはどれが"良いもの"で、どれが"悪いもの"だと教わってきましたか？

　おそらく、喜び、愛、好奇心は"良いもの"で、他の6つは"悪いもの"だと教わってきたでしょう。そして、私たちは"悪い"感情を避けたいと

自然に考えるので、その感情を無視するか、追い払おうとします。

　"悪い"感情について、ちょっと考えてみましょう。恥や恐怖といった感情を取り除きたいですか？　悲しみや罪悪感を避けたいですか？　普通の人はこれらの質問に「はい」と答えるでしょう。大人も、若者も、幼い子どもでさえも、みんなが"悪い"感情を取り除こうとします。けれども、そこには落とし穴があります。悲しく感じないようにと頑張れば頑張るほどもっと落ち込んだり、心配しないようにすればするほどますます不安になったりする体験をしたことはありませんか？

　ちょっと変な話だとは思いませんか？　9つの基本的感情しかないのに、そのうちの6つはもたないようにしていて、感じないようにすればするほど、もっとそれを感じてしまうなんて。まるで、私たちが自分の感情の大半を敵に回して、内戦を繰り広げているかのようです。

ミカとケン：感情戦争に参戦する

　ミカとケンに生じている感情戦争の様子を見てみましょう。

敵：　バッドサッドマッド（Badsadmad＝悪い＋悲しい＋怒り狂っている）という名の感情モンスター

目的：モンスターの退治

武器：ロープ

場所：深い谷の淵

　闘いの準備が整っています。そう、綱引きです。ミカとケンが谷の片側にいて、ネガティブな感情モンスター、バッドサッドマッドがその反対側にいます。モンスターを谷底に引きずり落とせば、ミカとケンは恐怖、不信感、悲しみから解放されます。モンスターを谷底に落

として退治するためには、たいへんな努力が必要です。でも、その報酬はとても素晴らしいもので、二度と嫌な気持ちにならないですむというものです。

　モンスターが優勢の時もあれば、ミカとケンが優勢の時もありました。二人は闘いにすべてを捧げ、とにかく懸命にロープを引きました。何時間も、何日も、何週間も闘いは続きました。ところが困ったことに、頑張れば頑張るほど、ミカとケンは疲れ、モンスターは強くなっていくようです。

　二人が勝てば、この戦争は永久に終わるでしょう。モンスターのような嫌な気持ちが永久に姿を消すのです。けれども、それはたいへんな大仕事なので、何年も闘わなくてはいけないかもしれません。ミカとケンには、これができるのでしょうか？

　後ほど、私たちは感情戦争の話に戻ります。ここでは、自分自身の感情との闘いに勝つための方法を見てみましょう。

相手をねじ伏せる（＝コントロールする）ための闘い

　私たちはみんな、"悪い"感情を避けようと必死に頑張ります。そして、これはさまざまな形で現れます。例えば、自信のなさからくる不安を感じないために、自分よりも弱い人をいじめる者もいます。目の前に迫った試験のような、あまり好ましくないことを考えないようにするため、長時間ネットをする人もいます。人と関わることに自信がなく不安に感じるため、人を完全に避ける人もいます。自分が負け組であると感じるのを恐れるあまり、チャレンジすることを避ける人もいます。成功すれば得るものが大きくても、安全策をとって手を出さないのです。

　人々が、嫌な感情から逃れるための方法は無数にありますが、どれもうまくいかないようです。人前で発表しなければならない時には、落ち着かなくなり、友情にひびが入れば、この世の終わりであるかのように感じます。失敗すれば、しばらく恥ずかしい思いをするでしょう。誰かにバカにされると、怒りや悔しさを感じます。多くの人たちは、自分には他人が知らない大きな欠点があると信じています。今、あなたがこの本を読んでいる間も、どこかで誰かが消えてしまいたいと考えています。誰かが泣いています。誰かが他の誰かに憎しみを抱いているでしょう。誰かが恥を感じています。どうして私たちは、このような考えと気持ちを追い払うことができないのでしょうか？　どうして、私たちの内なるモンスターを打ち負かせないのでしょうか？　おそらくケンのストーリーが、こうした疑問に答えてくれるでしょう。

ケン：感情をコントロールしようとして

　もう1週間近くもブラブラしてるんだ。自宅謹慎なんて死にそうだよ。自分で自分に我慢がならない。ふとした瞬間に、自分の過ちを思い出すんだ。自分のことなんて大嫌いだ。とにかく、このキツすぎる罪の意識はどっかに消えてほしい。罪の意識ってやつは、映画に出てくる連続殺人鬼のようなもんだよ。そいつから逃げ切ったと思ったら、後ろから忍び寄ってきて、捕まっちまう。もう息すらできない感じだ。

　そんな感情は「押し殺せ」って自分に言い聞かせてみるんだ。だけど、自分の感情を追い払うっていうのは、休みのない仕事みたいなものだから、とにかく何かしておかないと。

　今日はスケボーを引っぱり出して、公園に行って、汗だくになるほどがむしゃらに乗ってみたんだ。しばらくはいい感じだったけど、それもムカつくヤツがガン飛ばしてくるまでのことだった。俺は、そいつに暴言をはいてやったんだ。そいつをおとなしくさせておくために。

　家に帰る途中で、ホノカを見かけた。うちから少し離れたところに住んでいるんだ。ホノカのことが好きだから、俺は微笑んじまった。そしたら目が合って、こっちの方に歩いてきたんだ。俺はパニクっちまったよ。話なんてしたら、俺が負け犬だってバレちまうと思ったから。

　俺はスケボーに飛び乗って、その場から逃げ出した。そして、十分離れてから、スピードを落としたんだ。こんなに弱いなんて……、自分が大嫌いだ。俺のどこが悪いんだろう。女子とどっかに行くどころか、話さえできないなんて！　iPod でヘビメタをガンガン聴いたんだ。それから壁を殴ってやった。それで気がおさまったよ、ちょっとの間はね。

✪ エクササイズ ✪　ケンの闘いを観察する

　ケンの様子を見ると、彼はいろんな気持ちになって、それらをコントロールするためにいろいろなことをしていましたね。彼は一心不乱にスケボーをして、ホノカから逃げ、音楽をガンガン聴き、さらに壁まで殴りました。以下のスペースに、ケンがなんとか止めようとしていた感情と、そのための作戦が役に立ったか、書いてみてください。

ケンの コントロール作戦	ケンの感情	それは役に立ったか？
忙しく過ごす		
一心不乱にスケボーをする		
ホノカから逃げる		
音楽をガンガン聴く		
壁を殴る		

✪ エクササイズ ✪　あなたの闘いを観察する

　マインドフル勇者になると、勝てる闘いしかしません。この本でスキルを練習するにあたって、あなたは次のような方法を学ぶでしょう。まず最初のステップは、気持ちをコントロールしようとする時、自分が何をして

いるのか、観察してみることです。以下の気持ちを観察することから始めましょう。左側の気持ちを、右側の気持ちに変えたいと思ったり、やってみたりしたことはありますか？

怖い	→	怖くない
自信がない	→	自信がある
悲しい	→	幸せ
恥ずかしい	→	冷静で自信のある

　すでに述べたように、人々は嫌な気持ちを押し殺そうとして、さまざまな作戦（戦略）を使います。この戦略は大きく2つに分けることができます。内向き戦略と外向き戦略です。内向き戦略は、自分の内側にいるモンスターと闘う時に使います。例えば、ケンはガンガン音楽を聴くことで、いろいろなことを考えないようにしていました。外向き戦略は、自分の外側の状況を変えることで気持ちと闘う時に使います。ケンがホノカから逃げ出したことがそれにあたります。

　次の、内向き戦略と外向き戦略のリストを見てみましょう。そして、嫌な気持ちから逃れるために、あなたがたまにやっていることに○をつけてください。次に、あなたの知り合いが気持ちと闘うためにどんなことをしていそうですか？　一番右の欄に○をつけてください（このようにするのは、あなただけでなく、みんながこれらの戦略を使っていることを知ることが役に立つからです）。

	たまに やっている	知り合いが たまにやっている
内向き戦略		
嫌な気持ちを押し殺す		
他のことで頭をいっぱいにする		
食べまくる		
感情から逃れるために寝る		
運動しまくる		
やるべきことを先送りにする		
感情から逃れるために空想にふける		
人と会わないようにする		
自分にダメ出しする		
感情から逃れるため、お酒を飲んだりタバコを吸う		
感情から逃れるため、ゲームやテレビ、パソコン、 スマホに没頭する		
外向き戦略		
誰かに怒りをぶつける		
強がる		
どうでもいいフリをする		
目立たないようにする		
自分がどれほど傷ついているかをアピールする		
"超いい人" になり、みんなに良い顔をする		
誰かをハブる（仲間はずれにする）		
誰かの悪口を言う		
誰かをからかう		

　ここで、このリストを見直して、○をつけた戦略の一つ一つについて、考えてみましょう。その戦略は長い間、効果がありますか？　その戦略はあなたの人生を時に悪化させませんか？

　こうしてリストを見直すことで、感情と闘ったりコントロールしたりすることはあまり効果がないと、理解してもらえるといいのですが。そして、考えてみてください。もし効果があるならば、強い感情はそもそも問題にならないでしょう。

✪ エクササイズ ✪　コントロールできるか実験する

　私たちは、気持ちについて何をするべきか、たくさんの決まりごとを教えたいとは思っていません。マインドフル勇者としてあなたが学ぶことは、自分の体験を信じて、自分がおかれた状況で何をする必要があるのかを見いだすことです。けれども、万が一、コントロールすることが自分のやり方だとまだ信じているのなら、すぐにできる3つの実験をしてみましょう。

実験 1

　チョコレートケーキを想像してください。できるだけリアルに。しっとりと焼き上げたスポンジに、濃厚なチョコレートソースがかかっています。それから、そのケーキを食べようとしているところを想像してください。

　準備はいいですか？　これからの3分間、あなたはチョコレートケーキを考えてはいけません。時間を測ってください。あの濃厚で、しっとりした、おいしいチョコレートケーキをイメージしてしまったら、そのつど、次の表に○をつけていってください。

　この実験は難しかったですか？　ほとんどの人はそう思うはずです。も
しうまくいったとしても、むちゃくちゃ大変だったのではありませんか。
たぶん、他の何かに、意識を必死に集中させなければならなかったでしょ
う。これを、起きている間ずっとやっていると想像してください。とても
疲れるでしょうし、大した成果は出ないでしょう。それなのに、まさに多
くの人が感情から逃れるためにやっていることなのです。

実験2

　辺りを見渡して、床、壁、あるいはどこか一点を選んでください。すぐ
にそこを見られるように、その点をしっかりと覚えておいてください。準
備はいいですか？　私たちは、あなたに、その選んだ点と深く燃え上がる
ような恋に落ちてもらいたいのです。(そう、本気でその点に恋をしてほ
しいという意味です！)

　時間をかけてください。その一点と恋に落ちるために、本気で努力して
ください。あまりにも愛しすぎて、自分はその一点のことを考えると夜も
眠れなくなり、その一点がどれほど素晴らしいか世界中の人に伝えたくて
しょうがないと想像してください。

　うまくいきましたか？　たぶんできなかったでしょうね。自分に無理や
りポジティブな感情をもたせることは難しいですよね。無理に恋に落ちる
ことはできないし、無理に幸せを感じることもできません。

実験3

　次のことを想像してください。次の2つができたら、100億円をさしあげましょう。1つ目は、1週間、家の中のすべてのごみを取り除くことです。できますか？　たぶんできるでしょう。2つ目は、1週間、悲しみ、恐怖、イライラ、自信のなさ、その他何でも、ネガティブな感情すべてを取り除くことです。できますか？　あなたがそうした感情を抱きそうな場面を想像してみてください。100億円のチャンスがあるのです！　ストレスのような嫌な感情を体験しないでいられますか？　ネガティブな感情を取り除くことなんてできないですよね。だって、みんなそうなんですから。ごみを捨てるように感情を捨てることは、できないのです。

結論

　気持ちや考えをもたないようにと自分に強制することはできません。頑張れば頑張るほど、成功の見込みはなくなっていきます。どうやら、2つのルールが存在するようです。

- 自分のこころと身体の**「外側」**のルール：　好きでないもの（例えば、ごみ）を取り除きたければ、普通は取り除ける。
- 自分のこころと身体の**「内側」**のルール：　好きでない気持ちや考えを取り除きたくても、普通は取り除けない。

まとめ

　私たち人間は、嫌な気持ちを感じることを避けようとして闘います。けれども、複雑な感情から逃れることは、目先の気分の改善には役立つとしても、長い目で見ると効果はないのです。なぜでしょう？　外の世界の嫌なもの（例えば、ごみ）は取り除ける一方で、内の世界の嫌なもの（例え

ば、恐怖）を取り除くことはずっと難しく、普通はできないからです。

　この章を終える前に、ミカとケンの例をもう一度考えてみましょう。この章で二人は"感情戦争"という闘いからスタートしました。バッドサッドマッドと闘い、完璧な感情のコントロールを勝ち取ろうとしていたのです。けれども、二人は本当に勝てるのでしょうか？　将来、もっと悪い感情が出てくる可能性がありますし、おそらく、それはマインドレスな闘いです。闘い続ければ、永遠に闘う必要があるでしょう。この先の章を読んで、いかにミカとケンがマインドフル勇者になり、感情と闘うのではなくそれと共にいることを学んだのか、発見してください。

〰〰〰〰〰〰 第 **6** 章 〰〰〰〰〰〰

勝利の決め手をつかむ

この章で学ぶスキル	
し 深呼吸をして、心を整える	✓
な 何が起きているか観察する	✓
や やりたいこと・大切にしたい価値に耳を傾ける	
か 価値に沿った行動を決めて、実行する	✓

　見よ。竹や柳は風にしなって生き延びるが、堅い木はいともたやすく割れてしまう。

——ブルース・リー

　この章でも観察スキルを磨くお手伝いをしますが、決定スキルにも触れていきたいと思います。このスキルは、取るべき行動を選択し、実行するというものです。この後の気持ちについてのところで、観察スキルと決定スキルを一緒に活用していきます。最初のステップは観察することです。つまり、まずはあなたが感情と闘っている時に、そのことに気づくことです。次に、その闘いを続けるのか、何か他のことをするのか、決定するこ

とができます。

　ほとんどの人たちが気持ちと闘うことが当たり前になりすぎてしまって、それが唯一の方法だと思い込んでいます。けれども、1つしか戦略のない勇者はあまり優秀とは言えません。他の戦略も学んでおきましょう。そのために、ミカとケンはその後、どうしているか見てみましょう。

ミカとケン：闘わずして勝つ、という発見

　再び、闘いの場に戻ります。

　　敵：　バッドサッドマッド（Badsadmad＝悪い＋悲しい＋怒り狂っている）という名の感情モンスター

　　目的：モンスターの退治

　　武器：ロープ

　　場所：深い谷の淵

　ミカとケンは必死に闘っています。二人とも感情モンスターをなんとか谷底に引きずり落とそうとしています。成功すれば、完璧に感情をコントロールできるのです。二度と、恐怖、怒り、恥のような根深く暗い感情を感じないですむのです。

　ミカはモンスターを倒そうと一生懸命ロープを引いていますが、うまくいっているように思えません。むしろ、時々彼女の方が谷底に落とされそうになります。そしてどこからか、こうした闘いをもう続けていない勇者たちの声が聞こえてきます。この勇者たちは人生を先に進めていて、これまでの冒険や楽しかった思い出なんかを話したりしています。

　ケンには力があります。彼はモンスターを谷の方に引き寄せました。

モンスターの足元の小石が谷底に落ちていきます。でも、ケンは体力を消耗しきっていて、限界が近づいているようです。あとどのくらい、持ちこたえられるでしょうか？

　突然、ミカは全く新しい方法を思いつきました。目を大きく見開いて、彼女は叫びました。「あ！　そうか、これだわ！」彼女はロープからパッと手を放し、興味津々にバッドサッドマッドをじっと見ます。モンスターは飛び跳ねて「オレ様の言うことを聞け！　きさまに恐ろしさというものを味わわせてやるべ。その人生に恐怖を刻み込んでやるっぺよ！」と叫びます。けれども、この恐怖の呪文の効果はなくなったようです。ミカは闘わなくても、この闘いに勝てると悟ったのです。それまではなかなか気づかなかったのですが、答えはどうやらとても単純そうです。ただ、ロープを放してしまうのです。「どうして

誰も私にこのことを教えてくれなかったのかしら？」彼女は不思議に
思っています。彼女はついに、感情モンスターは実際には彼女を傷つ
けられないことに気づきました。確かに、このモンスターは意地悪で
殺気立っていますが、実際には、どんなことができるのでしょう？

　彼女はしっかり立ってモンスターと向き合います。「ただ不愉快な
ことを叫ぶだけ？　他には何もできないわけ？」

　そして、彼女はケンに助言します。「他のやり方があるわ。闘わず
して勝つのよ」

　ケン「ロープを手放して、勝てるっていうのかい？」

　ミカ「そう、マインドフル勇者の戦略っていうのは、自分自身に闘
いを挑まないことで強くなるってことなのよ」

闘いに代わるもの

　しなやかスキルのすべてが、嫌な気持ちと共に過ごすことに役立ちます。
嫌な気持ちが姿を現したら、最初にするべきことは深呼吸です。それから、
感情を観察します。注意深く見れば、こういった感情はどうやら、あなた
が大切にしている価値について何かを伝えているようです。そして、ひと
たび自分の気持ちを観察できれば、対処法について選択できるのです。基
本的に、2つの選択肢があります。

1. 嫌な気持ちにはなりたくないので、そんな気持ちは受け入れようと
   しない。急いでその感情を取り除こうとする。
2. 嫌な気持ちを進んで受け入れる心構えをもつ。気持ちをコントロー
   ルしようとせずにそのままにしておくことで、逆に自分が大切なこ
   とに取り組めるのであれば、それを少し"ありのまま"にしておく。
   例えば、授業で発表したり、誰かをデートに誘ったりするために、

自ら進んで不安な気持ちに向かっていく心構えをもつこともあるでしょう。

どちらの選択肢を選ぶかは、あなた次第です。2番目の選択肢を体験したことはあまりないかもしれませんね。ですので、それがどのようなものか理解できるようなエクササイズを次に紹介します。

✪ エクササイズ ✪ 　進んで息を止めてみる

このエクササイズをするためには、腕時計やケータイ、ストップウォッチなど、秒を測定できるタイマーが必要です。このエクササイズには2つのパートがあります。

パート1

できるだけ長く息を止めてください。もうマジ無理……となったら、息を止めていた時間をメモしてください。

時間1：　私は＿＿＿＿秒間、息を止めた。

パート2

同じことをもう一度やってください。ただし、その時に浮かんでくる不快で苦しい気持ちを進んで体験しようとしてみてください。観察スキルも活用します。そうです、今回は、次のこともやってもらいたいのです。

1. 深呼吸を数回して、心を整えます。
2. 息を止め、いろんな不快な体験にも注目します。不快さは"ありのまま"にして、取り除こうとはしません。ただ「うん、そこにある

なぁ、どんな感じなんだろう」と、好奇心をもってそれを眺めてみます。

時間2：　私は＿＿＿＿＿秒間、息を止めた。

　このエクササイズは、息を長く止めることが目的ではありません。進んで不快さを体験する心構えをもつことがテーマです。2回目は息を止める時間が長くなったかもしれませんし、短くなったかもしれません。長くなっても短くなっても、どちらでもかまいません。

　ここで2分くらいかけて、このエクササイズで体験したことを書いてみましょう。息を止めることに対する不快さは、"ありのまま"でそこにありましたか？　いつ、不快レベルがアップしましたか？　いつ下がりましたか？

_____

_____

_____

_____

　限界に近づいた時、あなたの"マインド"はどんなふうにあなたを説得し、呼吸させようとしましたか？

_____

_____

_____

_____

　このエクササイズは、ただ歯を食いしばりつらい感情に耐えることが"進んで受け入れる心構えをもつ"ことではない、ということを表してい

ます。ここでいう"進んで受け入れる心構えをもつ"とは、過ぎゆく感情にとらわれずに（まきこまれずに）、ただそれを観察することなのです。

"進んで受け入れる心構えをもつ"ことが実際どのようなものかを知るために、ケンのおかれた状況と、ケンが自分らしくなるために進んで嫌な感情に対する心構えをもつことを学ぼう、しなやかスキルを使おう、と選択した様子を見てみましょう。

ケン：自ら進んで心構えをもつ

　ホノカのことが頭から離れないんだ。この前街で出会ったけど、俺が逃げ出しちまったあの子だよ。あの時ほんとは、俺に微笑んでくれていたのにな。マジでかわいいんだ！　彼女の話は、いつだってサイコーだし。本当は付き合えたらいいんだけどな。問題は、彼女が近くに来るたび、俺はめちゃくちゃ緊張して、逃げちまうってこと。それか、カッコつけて、彼女なんて気づいてないようなフリをするんだ。

　本当は彼女のこともっと知りたい。でも、彼女のそばで緊張するのは嫌だ。だからとにかく避けてる。でも、彼女のことを考えずにはいられないし……堂々巡りだな。無限ループにハマってる。あぁ、行きづまってる……。

　自分がそんな気持ちになるのが嫌で、その場から逃げたり、カッコつけて冷静なフリをしたりすると、確かにちょっとは気分がまぎれる。けど、後になってから、自分のことがどうにも嫌になる。彼女に話しかける勇気がないんだからな。どうしても、彼女のことが忘れられないし、どんどんひどくなってるよ。

　これまでと同じやり方じゃ、もうどうしようもないから、例のくだらないしなやかスキルとやらを使ってみるか。まあ、いいんじゃないかってね。何だかバカバカしい感じもするけど、ちょっとは頭がスッ

キリするみたいだしな。

　それに、もうひとつ決断したんだ。今日は、たとえ怖くてもホノカに話しかけるって。「よう」とでも言うか。パニクリそうになったら、マインドフル呼吸法もしてやるか。たとえ死にそうになっても、やってやる。ただ待つなんてもううんざりだし。"マインド"にビビらされて、彼女と話せないなんてことは、もうイヤなんだ！

"心構え"の公式

　ケンはホノカに声をかけることについて、とても緊張しています。これまで、ケンはこうした気持ちにやられっぱなしで、彼女を避けてきました。そうすることで、緊張を追い払うことはできましたが、ホノカと友だちになるチャンスも逃していました。これは高い代償です。そこでケンはとうとう、自ら緊張を感じる心構えをもち、ホノカに話しかけようと決めたのでした。

　しなやかスキルを使うというのはだいたいみんなこんな感じです。「自ら感情を体験していく心構えをもち、その感情を観察し、そして自分が大切に思うことを行うと決める」

　第11章から第13章は、あなたが大切にしている自分の価値を明らかにするのに役立つでしょう。自分が何を大切に思っているのかを知ることは、（特にイヤな）感情に自ら向き合えるようになり、ある行動を起こす（コミットする）ための鍵となるのです。しばらくは、以下のシンプルな"心構え"の公式を覚えておきましょう。

＿＿＿＿＿＿＿＿＿＿＿＿＿（あなたが大切に思っている何か）をするため、私は自ら進んで＿＿＿＿＿＿＿＿（恐怖、自信のなさによる不安、悲しみ、怒りなど）を体験します。

☆エクササイズ☆ 自ら進んで_____をする、とは

　ネガティブな感情と自分の願望は、実はつながっていることがあります。ケンの例で見たように、自分にとって大切なことをあきらめないと、不快な感情を避けられない時があるのです。ですから、望むのであれば嫌な気持ちを取り除こうとしてみることはできますが（ガンバってね！）、それはたぶん同時に、あなたが人生で本当に望んでいることをあきらめなければならないということにもなります。このポイントを具体的に説明するために、この"心構え"に関する4つの質問に答えてみてください。

1. 成功に向けて努力をする時には、次のすべてを体験する可能性があります：

   • 負け犬のように感じる時がある
   • 負けたことを悲しく思う
   • バカみたいだ、と感じる
   • ガッカリする

それでも、成功を目指して努力する心構えがありますか？

2. 大切な人を見つけるためには、次のすべてを体験する可能性があります：

   • 拒絶されたと感じる
   • 孤独を感じる
   • 自信がなく不安に感じる
   • 傷つきやすくなる

それでも、大切な人を見つけるための心構えがありますか?

3. 誰かの友だちになろうとする時には、次のすべてを体験する可能性
があります:

- 裏切られたと感じる
- ガッカリする
- するつもりのなかったことをしてしまい「ヤバい」と感じる
- 傷つけられる

それでも、誰かと友だちになる心構えがありますか?

4. 何かにチャレンジする時には、次のすべてを体験する可能性があり
ます:

- 思ったほどの結果が得られずにガッカリする
- 思うようにいかない、と感じる時がある
- チャレンジが終わる時、寂しく感じる
- 壁にぶつかったり予想外の困難への対処など、人生の難しさを学
ばなければならない時がある

それでも、何かにチャレンジする心構えがありますか?

このような質問に「はい」と答えるたびに、あなたは自分の人生を広げ、新しいことを発見するチャンスを手に入れます。「いいえ」と答え、ある気持ちから逃げようとするたびに、あなたは自分で自分を制限してしまい

ます。歩みたい人生を否定せず、感情だけを否定することはできないのです。

　以下は、10代の若者が大切に思うことが多いもののリストです。このリストから、やってみたいけれど、少し難しいと思うものを1つ選んでください。それから、その下の"心構え"の公式にあてはめてください。これを実行するために、自ら嫌な気持ちを進んで味わいにいけますか？　忘れないでください。あなたにとって大切なことがここでのテーマです。ですから、この質問にはあなたしか答えられません。

- 友だちや大切な人に対して自分の考えをしっかり伝える
- つきあいたいと思っている人と親しくなる
- いじめに立ち向かう
- 部活などの大会に出場する
- スポーツや勉強で良い成績を取るように頑張る
- 難しい試験に向けて勉強する
- クラスメイトの前でしっかり発表する

＿＿＿＿＿＿＿＿＿＿＿＿＿＿＿（あなたが大切に思っている何か）をするため、私は自ら進んで＿＿＿＿＿＿＿＿（恐怖、自信のなさによる不安、悲しみ、怒りなど）を体験しようとします。

まとめ

　内なる闘いとは、恐怖や不安のような、嫌な気持ちをコントロールしようとすることでした。第5章と第6章では、2つの選択肢を示しました。

　1.　自分の感情と闘う。

2. 自分が大切に思っていることのために、しなやかスキルを使い、嫌な感情を進んで体験するという心構えをもつ。

正しい選択、間違った選択というものはない、ということを忘れないでくださいね。嫌な気持ちを体験する心構えを進んでもつ、という道を選ぶ時もあるでしょう。時には選ばないかもしれません。すべては、あなたが「自分の人生をどのようにしたいと思っているか」にかかっています。" 進んで受け入れる心構えをもつこと " をジャンプのようなものだと考えてみてください。どのくらい跳ぶか、あなたが決めてよいのです。たとえば小さいジャンプみたいに、簡単なことだけすることもできます。あるいは大きなジャンプをして、怖さを感じるチャレンジをすることもできます。

跳ぶと決めたのであれば、しなやかスキルのすべて（深呼吸をして心を整える。関心をもって心を開いて感情を観察する。自分が大切にしたい価値に耳を傾ける。大切に思うことを行うと決める）を活用してみたくなるかもしれません。

第 7 章

マシーン

この章で学ぶスキル	
し　深呼吸をして、心を整える	✓
な　何が起きているか観察する	✓
や　やりたいこと・大切にしたい価値に耳を傾ける	
か　価値に沿った行動を決めて、実行する	

人は運命の牢獄にいるのでなく、自分の心という牢獄にいるのだ

——フランクリン・D・ローズベルト[訳注]

　あなたは、冒険の旅に出ようとしています……あなた自身のマインドの中へ。この章では、"マインドの観察"を身につけるお手伝いをします。その中で、あなたはマインドのすごい能力を知ることになるでしょう。そしてこっそり仕掛けられた罠についても。この章ですべてを学べるわけではありませんが、自分の考えが自分の進む道を迷わせてしまうことにも気づくでしょう。この章で私たちは考えを観察することに焦点を当てます。

訳注）アメリカ合衆国第 32 代大統領。姓は「ルーズベルト」とも表記。

そして次の第8章では、決定スキルと実行スキルを使って、観察すること
から効果的な行動につなげるお手伝いをします。

風車小屋を槍で突く

　前の章の"気持ち"と同じように、この章では、マインドフル勇者は
"考えの観察"と"考えに振り回されない"ことを学びます。まずは、マ
インドフルの逆、つまりマインドレスとは何かを知るために、有名なド
ン・キホーテを例に挙げます。彼は、騎士やお姫様の話にすっかりハマり、
"高貴なる"冒険に出る決心をしました。ドン・キホーテは古ぼけた鎧を
身に着け、やせこけた馬にロシナンテという立派な名前をつけ、冒険を求
めてド田舎に繰り出していきました。空想に取りつかれたせいで、いろん
なトラブルに見舞われます。ただの居酒屋を城と間違って、自分を騎士に
してくれと店長にお願いします。風車小屋を巨人と間違い、戦いを挑みま
す。

　ドン・キホーテもある意味勇者ですが、私たちの言うマインドフル勇者
とはだいぶタイプが違います。自分のマインドが勝手に生み出した、完全
なる空想の世界にいます。マインドがつくりあげたものを全部信じてしま
ったのです。現実世界と全く関係ない戦いで時間を無駄にするので、彼と
従者であるサンチョ・パンザは踏んだり蹴ったりの目にあいます。

　ありがたいことに、ほとんどの人はドン・キホーテのように風車小屋と
戦うまではいきません。でも注意していないと、私たちは自分のマインド
がつくり出したものにとらわれてしまいます。人のマインドというのはと
てもとても賢いため、油断できないのです。そこでこの章では、マインド
が仕掛けてくるゲームに気づき、そのたくらみにだまされない方法を学び
ましょう。

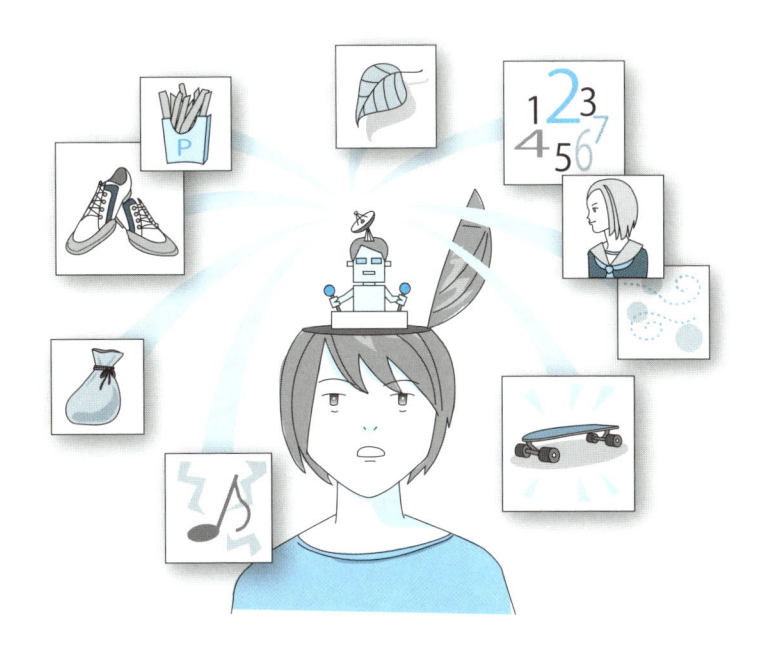

マインドは問題発見マシーン

　マインドを「マシーン」だと考えてみると、分かりやすいかもしれません。パソコンのように、たくさんのプログラムが同時に実行中のマシーンです。生命維持プログラムのように役割のはっきりしたものもあれば、目的がはっきり分からないプログラムもたくさんあります。少しですがその例を挙げてみます。

- あなたの元にやってくる大量の情報を、同時に処理するプログラム
- すべての情報をしっかり判断するプログラム
- プログラムが発見した問題が何なのか確認し、解決するプログラム
- あるプログラムがちゃんと実行されているかチェックするプログラム（そう、あなたのマインドは、自己チェックまでやるのです）

- "あなた"がどのくらいきちんとやれているか評価するプログラム（1つ前の場合と同じに思えますが、別なのです。このせいで話がややこしくなるんですけどね）
- あなたがやっていることと、他の人が（多分）やっていることを比較するプログラム

　まだまだまだまだあるのですが、言いたいことは分かりますね。マインドというのは問題発見マシーンであり、かつ問題解決マシーンでもあるのです。そして、いま挙げたプログラムのような仕事に、一生懸命取り組んでいます。その仕事というのは、自分の内側と外側の両方の問題を発見し、解決することです。下の表は、マインドが、内側・外側2種類の問題に対して、どんな働きをするか示しています。

マインドがどう働くか			
	問題発見 （問題があるか？）	「はい」ならば→	問題解決 （どう解決するか？）
自分の外側	あれはライオンか？	「はい」ならば→	どうやって逃げるか？
自分の内側	頭の中にある考えは苦しいか？	「はい」ならば→	どうやって逃げるか？

　でも、第5章と第6章で学んだように、自分の外側と内側の問題解決には、大きな違いがあります。家のごみは捨てられますが、面倒な考えや気持ちは、なかなか捨てられません。

　外側の問題解決は、確かにとっても大切です。そのおかげで私たち人類は、ここまで進化しました。人類は、大河を渡るという問題解決のために橋を架けることを学び、離れた人とのコミュニケーションのために電話

（そしてメール、フェイスブック、LINE やツイッター）を発明しました。でも、苦しい考えのような内側の問題を解決するのは、それと同じではないのです。こういった苦しい考えをもつことは自然なことで、しかも自分にとって大切なことについて生じやすいのです。そのため、マインドが試す内側の問題解決は、だいたいうまくいきません。例えば、「クラスのみんなの前で発表するなんてサイアク」と考えているとすれば、あなたのマインドはあなたのために、発表を逃れるための理由をたくさんひねり出し、問題を解決しようとしてくれるでしょう。このようにあなたのマインドは、"サイアクな発表" という問題解決を助けようとしますが、もしあなたが「人前で話すスキルを磨くのは大切なことだ」と思っているなら、本当の意味ではあなたの役に立っていませんよね。うまくなるためには練習が必要なのですから。あなたのマインドは目先の解決策（発表するのは "サイアク" だから避けて通ろう）を与えてくれますが、その解決策は、長い目で見れば効果がないのです。

　マインドが問題発見マシーンになってしまったワケを知るために、太古の昔にさかのぼってみましょう。きっとこういった問題解決は、大昔の人類が生き残るのには役立ったのだと思います。肉食獣やその他の脅威のせいで傷を負ったり殺されたりしないよう、マインドがしっかり働く必要がありました。太古の昔、問題発見と問題解決は、まさに生きるか死ぬかの問題だったのです。

☆ エクササイズ ☆　　誰が食べられてしまうか考える

　問題発見マシーンとしてのマインドの意義が分かるように、ちょっとしたクイズを出します。あるグループ＝マサ、ナツミ、ナオキ、ユウ、イズミ、ダイスケがいて、空腹のライオンがうろつく場所に住んでいるとします。この 6 人が遠くの方に、半分ほど草に隠れた茶色っぽいものを見た、

と想像してください。先に言っておくと、この茶色いのは腹ぺこのライオンです。

　この状況で、以下の各人物の特徴を読み、ライオンに食べられてしまいそうかどうか、どちらかに○をつけてください。

問題	食べられる	食べられない
マサの問題発見マシーンは問題にとても敏感。洞窟の中にいろんなものを隠しているので、とても用心深い。		
ナツミはとても穏和で緊張しないタイプ。いいことに思えるけど、時々、うっかり草むらの中を歩き回ってしまう。		
ナオキの問題発見マシーンは優秀で、本気になればライオンを発見できる。マシーンのスイッチを、切りたい時に切ることもできる。		
ユウは自分の問題発見マシーンのスイッチを切れない。いつも、危険がないかと探し回っている。		
イズミの問題発見マシーンは超敏感。ライオンは絶対見つけられるが、いない時でも、草むらにきっとライオンがいるはずと考えてしまいがち。		
ダイスケの問題発見マシーンは感度がよくない。ライオンに気づかないし、長時間、空想に浸ってしまう。		

　食べられてしまいそうなのは、ナツミ、ナオキ、ダイスケの３人ですね。ナツミは優秀な問題発見マシーンをもっていません。残念ですが、彼女はライオンに最初に食べられてしまうでしょう。ナオキは問題発見マシーンを切らない限り大丈夫でしょうが、スイッチを切れないユウよりは食べられる可能性が高いでしょう。イズミは、敏感すぎて別の問題はありそうですけど、まずライオンから逃げられるでしょう。ダイスケは問題を発見できないこともあるので、ライオンの昼食になる可能性大ですね。

　当たり前の答えに思えるかもしれませんが、このクイズは、問題発見マシーンとしてのあなたのマインドの２つの重要ポイントの理解に役立つと思います。

- マインドの主な役割は、問題を発見し、解決して、あなたが確実に生き残れるようにすることである
- 生き残ることがあなたのマインドの最優先事項なので、どんなに小さな問題でも探し出せるよう、超敏感でなければならない

　もうひとつ知っておいてほしいのは、ナオキのようなマインドをもつ人なんていない、ということです。どうやっても、問題発見マシーンのスイッチを切ることなんてできません。ただし、他にできることはあります。活動中のマインドを観察して、暴走気味になったら気づくことです。問題発見マシーンが暴走していると気づいたら、それが伝えるメッセージを鵜呑みにしてむやみに反応するのでなく、対応方法を決めることができます。例えばマインドが、「力不足だよ」とささやいてくるかもしれませんが、それにすぐ反応するのではなく、今やれることをやるのです。

　太古の昔の問題発見マシーンを考えるのもいいのですが、現代ではどうでしょう？　問題発見の作業は、ライオンのような脅威に直面しない現代では、どうなるのでしょう？　よくある例として、ケンの状況を見てみま

しょう。

ケン：問題発見マシーンに注目する

　自宅謹慎になって気づいた。俺がやってることって、ただぼーっと、自分の何が悪いか考えているだけだって。自分の欠点を見つけて、それをぶっ潰すか取り除くかって感じで。

　ヒロの人生をぶっ壊したのと同じっぽい。あんなバカなことをした理由を探し続けて、気分が悪くなる。何を見ても、自分の何が問題なんだろうって思う。以前好きだったことやってても……。スケボーしに行って誰かに会ったりしたら、絶対俺のことを笑うって思うし。俺がヒロを笑ったように。そして大好きなホノカのことを考えると、楽しい想像じゃなくて自己嫌悪になるし。

　俺のマインドは一日中働きまくって、俺にダメ出ししてくる。自分のマインドに名前をつけなきゃいけないなら、「私刑執行人」にするかな。自分の頭上に看板が立ってるとこまで想像できるよ。

問題発見マシーンの暴走

　ケンの問題発見マシーンが暴走しているのが分かりましたか？　問題発見が止まらないのです。彼のマインドは、彼の何が悪かったのか、内側の問題を探し回っているのです。

　多分あなたにも、これまでそういうことがありましたよね。あなたがマインドにこき使われるのでなく、逆に、あなたがマインドを使うための方法のひとつは、マインドフル勇者の観察スキルを活用することです。あなたのマシーンが暴走し始めたら、それに気づいて、それに名前をつけるのです。ケンがしたように、自分のマインドに名前をつけられます。そして「あ、『私刑執行人』が登場した。俺の問題を見つけて解決しようと、必死に仕事中だな」といったように、自分に言い聞かせられるのです。

　「いやぁ、そんなの変だし、っていうか無理だし」と感じても、何も問題ありません。あなたのマインドが仕事中なのを観察できるようになるためには、練習が必要です。すぐにできる人なんていません。そこで、あなたに練習してもらうため、そしてあなたのマインドがどれだけ賢く問題発見するか知るため、もうひとつエクササイズをしてみましょう。

✪ エクササイズ ✪　問題発見マシーンに気づく

　ここでやるのは、観察の練習です。とりあえず、エクササイズのポイントも、何が起こりそうかも、今は説明しません。なるべく指示に従って、あなたのマインドに仕事をさせてみましょう。次のセリフを読んで、目を閉じて静かに心の中でつぶやき、あなたのマインドが何をするか見てみる、ただそれだけです。準備はいいですか？　セリフはこれです。

「私は人に好かれる人間だ」

あなたのマインドは何て言いましたか？　「そうそう」とか「いや違うし」みたいに評価してきましたか？　多分あなたのマインドは、このセリフに反論したり、このエクササイズの目的は一体何だろうと考えたりしたかもしれません。もう少し我慢して、続けてみましょう。

別のセリフがあります。これを読んで、また目を閉じて、静かに心の中でつぶやきます。そして、あなたのマインドが何をするか、見てみましょう。

「私は人から愛される人間だ」

あなたのマインドは、このセリフに何と言いましたか？　あなたのマインドは、これにダメ出ししたり訂正しようとしてきましたか？

続けましょう。次のセリフを読んで、また目を閉じて、静かに心の中でつぶやいて、あなたのマインドがこのセリフについてどんな考えやメッセージを発するか見てみましょう。

「私は欠点のない人間だ」

あなたのマインドはこのセリフを気に入りましたか？　そろそろ、これを読ませる理由が分かるかもしれません。さっきお伝えしたように、マインドは油断なりません。あなたのマインドがやることを気にしたり、変えようとしないでください。今ここでするのは、"ただ観察するだけ"ということをお忘れなく。

準備はいいですか？　次が、読んで心の中でつぶやく最後のセリフです。

「私は完璧な人間だ」

今回は、マインドがしていたことに気づきましたか？

こうやって自分のマインドを見つめるのに、最初はかなり違和感を覚えます。他人のマインドの方が観察しやすい場合もあります。そこで、ミカはこのエクササイズをどうやったのか、見てみましょう。そのあと、このエクササイズのポイントを説明します。

ミカ：問題発見マシーンに気づく

「私は人に好かれる人間だ」

とってもバカバカしいエクササイズね。私が人から好かれる人間なら、四六時中「もう逃げ出したい」なんて感じないでしょ。こんなセリフを読むエクササイズが、私のためになると思っているのかしら。きっと私自身にこう思ってほしいのね。ありえない！

「私は人から愛される人間だ」

少しはそうかもしれないけど、正直言って、これもバカバカしいセリフ。人から愛される人間だったら、なんで親友に嫌われるわけ？

「私は欠点のない人間だ」

もっとおかしなセリフね。私は友だちの家にも買い物にも行かないわ。つらいことからは逃げ出すし、友だちからも嫌われてるし。どうして欠点がないってなるわけ？

「私は完璧（かんぺき）な人間だ」

言ってくれるわね。私はちっとも完璧（かんぺき）じゃないわ。余計なことを言っちゃうか、フリーズして何を言えばいいのか分からなくなっちゃう。完璧だったら、こんなメチャクチャになるわけないじゃない。

そこにもここにも問題が……

ミカのマインドは、私たちが相談に乗ってきた多くの人と同じことをしました。このセリフが自分に合うかどうか、すぐに判断しようとしたのです。そう、まさに問題発見の仕事に取りかかったのです。それがまるでいいことかのように。

あなたはどうでしたか？　自分のマインドがミカのマインドと同じように判断してしまうことを観察できましたか？

このエクササイズをした人はほとんどが、自分のマインドがセリフと格闘（かくとう）することに気づいたと言います。「イヤイヤ、自分は全然完璧（かんぺき）じゃないし。欠点がないなら、こんなに嫌（いや）な気持ちになるワケがない」とか「ていうか、このアホくさいエクササイズに何の意味があるの？」といった考えに気づくのです。あなたも同じでしたか？　同じだとすれば、あなたの問題発見マシーンが仕事をしていた、ということでしょう。やってきた情報の中に問題を発見し、解決し、そしてその意義をはっきりさせようとしたのです。あなたのマインドはこの仕事を、とても真剣（しんけん）にやっていたのです。

もうひとつ質問があります。あなたのマインドは、ある仕掛（しか）けに気づきましたか？

もう一度、このエクササイズの指示を見てみます。「次のセリフを読んで、目を閉（と）じて静かに心の中でつぶやき、あなたのマインドが何をするか見てみる、ただそれだけです」。セリフの内容を正しいと思いなさい、な

んて指示はなかったのです。あなたが人から好かれるかどうか、人から愛されるかどうか、欠点がないかどうか、完璧かどうか、それぞれ判断してくださいなんて言っていませんね。ただセリフを読んで、あなたのマインドがどう反応するか観察してくださいと言っただけです。

　注目すべきは、あなたにとっての問題やあなた自身についての問題がなくても、問題発見マシーンは問題を探しているということです。あなたのマインドは、たった漢字 1 文字の「私」にまつわる問題の発見に、本当に真剣なのです。この「私」という単語が出てくるといつも、あなたのマインドは、たくさんの評価とダメ出しをするのです。

まとめ

　この章で、あなたのマインドは問題発見マシーンであることを学びました。良かれと思ってやっているのです。あなたが生き残るのを助けたいのですから。これは大切な仕事なので、マインドは自らをコントロールし、あなたのためにすべて判断しようととても頑張ってくれるのです。マインドの仕事内容には、大きく 2 つあります。

- **問題発見**：マインドはいつも、あなたの害になりそうなことがないか探しています。時々、この仕事にハマりすぎてしまいます。
- **問題解決**：マインドは、いろんな問題を片付けようとしますが、この仕事にもハマりがちです。

　外側の問題解決については、マインドはとても優秀です。でも、あなたの考えや気持ちを問題としてしまう時には、素晴らしいとは言えません。時にはあなた自身さえ問題として、あなたの何が悪いのか、なぜ「力不足」なのか、はっきりさせようとするのです。

　あなたのマインドは、この星で一番強力なものです。でも、突きつめて
いけば、あなたがこのマシーンを動かしているのです。マインドフル勇者
のスキルは、活動中のマインドを観察し、マインドについて学ぶことに役
立つでしょう。そして、一度観察できるようになれば、マインドに耳を貸
すかどうかも、うまく決められるようになります。そして実は、マインド
の言うことに必ずしも耳を貸す必要はないのです。とても魅力的な話では
ありませんか？

第 **8** 章

マインドの評価を真に受けない

この章で学ぶスキル		
し 深呼吸をして、心を整える	
な 何が起きているか観察する	✓
や やりたいこと・大切にしたい価値に耳を傾ける	✓
か 価値に沿った行動を決めて、実行する	✓

　世界において重要なことの多くは、まったく希望が見えない時でも努力を続けた人々によって達成されてきた。

——デール・カーネギー^{訳注)}

　前の章で、自分のマインドを観察することと、マインドを問題発見・解決のためによく働くマシーンとして見てみることを学びました。この章では、もう一歩踏み込んで、用心が必要な時のマインドを観察していきます。特に、マインドがいつも何かを評価し、その評価がさも正しいかのように思わせてくるところに焦点を当てます。マインドには用心しなければなら

訳注）1900年代前半に活躍した、アメリカのスピーチトレーナー・作家。

ない時もありますが、練習さえすればそれに気づくことができます。そして、あなたのマインドがおかしな評価をしてくる時も、何をすべきかを決め、行動に移す方法を身につけることができます。

マインドは評価する

　もうお分かりのように、マインドはいつも、どこかに問題が潜んでいないか探しています。そしてマインドにはもうひとつ大事な側面があります。マインドは"良い"とか"悪い"とかの意見をたくさんもっていて、自分の意見はいつも正しく、他の人はたいてい間違っている、と考えがちなのです。マインドが調子に乗ってくると、びっくりするくらい説得力のあるメッセージを作り出します。次のエクササイズは、マインドの説得力のすごさを知り、でもあまり当てにならないことを理解するのに役立つと思います。

✿ エクササイズ ✿　評価を観察する

　ミナミという女の子と友だちになったと想像してみましょう。（あなたが男性なら、その友だちを男子にするとやりやすいでしょう）。あなたはミナミのことが好きで、一緒にいると楽しいです。いつも一緒にいたいと思っています。彼女のしゃべり方、着る服、読む本も気に入っていて、好きでないところはありません。ミナミに腹を立てるなんてとうていできません。以下の質問に対して、線のどこかに×印をつけてください。

　今の時点で、ミナミはどれくらい親しみやすいと思いますか？

親しみやすくない　◀━━━━━━━━━▶　親しみやすい

あなたはミナミにどんな態度を取ると思いますか？

好意的でない　←───────────────────→　**好意的な**

あなたには、ユカリという別の友だちもいます。彼女（かのじょ）は、あなたほどミナミのことが好きではありません。彼女はミナミについて「あの子の声ってイライラするね」とか「男子にぶりっ子してたの見た？」とか、「ミナミって、自分のことをあなたよりずっとイケてるって思ってるみたいね！」（ここでも、あなたが男性でしたら、ミナミを男子に変更（へんこう）していいです）とも言っています。

ミナミへの態度や友情はどうなりそうでしょうか？　もう一度、あなたの気持ちについて、以下の友情メーターに×印をつけてください。

悪口を聞いた後で、ミナミはどれくらい親しみやすいと思いますか？

親しみやすくない　←───────────────→　**親しみやすい**

あなたは今、ミナミにどんな態度を取ると思いますか？

好意的でない　←───────────────────→　**好意的な**

これこそまさに、あなたのマインドがこっそり何かしようとした現場です。あなたが気づかぬうちに、マインドはミナミをマイナスに評価し始めました。ミナミのムカつく部分を"見"始め、そもそも何で友だちになったんだろうとまで思うかもしれません。でも気をつけてください。ミナミが何か悪いことをしたという直接の出来事は何もないのです。彼女はあなたに何も意地悪（いじわる）していないのです。ユカリの考えと言葉がミナミへの新たな見方を作り出し、あなたの考えを染（そ）めたのです。そしてユカリが言うように本当にミナミはムカつく人かどうか、ミナミのことが好きだったのは間違（まちが）いかどうか判断する作業を、あなたのマインドが始めてしまったのです。

　マインドの説得力が強くなっていけば、確かにミナミにはイヤなところがあるとあなたに思い込ませる可能性が高いですよね。あなたのマインドは、最初は彼女を永遠の親友だと思っていたのに、今となってはムカつくから同じ空気を吸うのもイヤと思うまでになったかもしれません。

　もうお分かりですね。あなたのマインドはいつも誰かを評価していて、あなたに助言を与えようとしているのです。たまにはその助言が役に立ちます。友情を築けたり、悪い人との付き合いを避けられたということもあるでしょう。けれども、それほど役に立たない時もあるのです。本当は存在しない敵をあなたに見せるかもしれません。

マインドはささやく

　マインドのもうひとつのすごさは、作り出すストーリーの中に、あなたやあなたの人生についての情報も盛り込んでくるということです。マインドは評価も同時にするので、こういったストーリーには、あなたがどんな人かというメッセージ、しかも必ずしも正確ではないメッセージを、たくさん含んでいるのです。

　これも、他の人の場合を見てみる方が分かりやすいでしょう。これから、ミカのマインドが、彼女の人生についてのストーリーを生み出す様子を観察します。ミカは17歳なので、これまでに約150,000時間も生きてきたことになります。彼女のマインドはこの長い時間を、扱いやすいよう、短くコンパクトなストーリーに圧縮しようとします。似たようなことをテレビのニュースも時々していますよね。

　これがどういうことか分かるように、ミカが自分について語る2つのストーリーを紹介します。1つ目は年度の初めに、クラスの自己紹介で言ったことです。2つ目は彼女が始めたブログの最初の文章です。ため息をつきながらこう言います、「新学年かぁ……バカバカしい『自己紹介』がま

たある……あ～あ」と。

ミカ、クラスで自己紹介

　「ミカです。17歳です。兄弟が2人いて、母親と住んでいます。音楽が好きです。勉強はあまり好きじゃないですけど、読書は大好きです。好きなのは探偵小説とミステリーです」

　ここでミカのマインドはこう言います、「まいったな、もう言うこと思いつかないよ……サイアク……さっさと座ろう！」と。

ミカ、ブログに初投稿

はじめまして。まず自己紹介かな。ミカです。17歳です。音楽大好きです。

前は毎日楽しかったです。親友もいたし。でも、今は友だちがいないし、誰も信用できません。

高校に入ってから、少しずつ何かがズレ始めました。それまで学校は大好きでした。中学の間はずっと一緒の友だちがいました。先生も高校よりよかったです。中3の時の担任、石田先生は本当に面白くて、私にも優しくしてくれました。私は数学が得意だったので、難しい数学のクイズをよく出してくれました。卒業文集にも素敵なメッセージを書いてくれました。

でも、今ではすべてがメチャクチャです。学校に行くのはイヤだし、友だちもいません。友だちもいなくて学校のことを考えるのもイヤだっていう、最悪な状態です。

　上の2つのストーリーは、ミカがどういう人か、バランスよく捉えていますか？　もちろん違いますよね。ミカは、ごく最近の一部の出来事だけを思い出しています。彼女のマインドは、ミカの約150,000時間もの長い人生のストーリーを圧縮し、一口サイズにまとめてしまいました。クラスでの自己紹介かブログで自分のことを書くか、まとめているという意味ではあまり違わないようです。彼女のマインドは"彼女の役に立とう"として、彼女について超単純な説明を作り出しました。ミカはいろいろ悩みやすいので、彼女のマインドは、クラスでの自己紹介みたいな試練はさっさと済ます、という方法で、彼女を"助けよう"とするのです。

✪ エクササイズ ✪　あなた自身のささやきマシーンを観察する

　あなたのマインドは、あなたについてのどんなストーリーを、ささやいてきますか？　あなたのことをたった数文字で、「デブ」とか「バカ」とか言ってきますか？

　情報の圧縮（あっしゅく）は、シェイクスピアが書いた作品を要約するとか、面積を求める公式を短くまとめる時には役立つかもしれません。でも、あなたのことをたった数文字で表現できるわけありません。現実のあなたを形作っているのは、これまでの経験、考え、気持ち、素質などなど、何十億ものことなのです。

　マインドがどれだけ短絡的（たんらくてき）にあなたのことを決めつけようとするか、ちょっと観察してみましょう。以下のリストを見てみましょう。マインドが人に投げかけてくる、よくある考えが含（ふく）まれています。あなたのマインドはあなたをどう評価していますか？　当てはまるものすべてにチェックしてみましょう。

□ 私は役立たずだ

□ 私は自分自身に我慢（がまん）できない

□ 私は何も誇（ほこ）れるものがない

□ 私はダメ人間だ

□ 私は誰（だれ）からも好かれていない

□ 私は誰（だれ）からも愛されていない

□ 私は人をだます

□ 私には人より優（すぐ）れているところがない

□ 私は悪い人間だ

□ 私は無価値（むかち）だ

□ 私はブサイク

□ 私は人をがっかりさせる

□ 私は人をムカつかせる

□ 私はヘンだ

□ 私は壊（こわ）れている

□ 私にはおかしなところがある

□ 私は使えない人間だ

□ 私はつまらない人間だ

□ 私は存在感（そんざいかん）がない

□ 私は周りから浮（う）いている

　いくつかチェックがつきましたか？　だとしたら、みんなと同じです。誰もが、こういうセリフで自分にダメ出しをします。みんな問題発見マインドをもっていますし、マインドが一番好きなのは、どうも私たち自身に評価を下すことらしいのです。マインドはあなたを見て、人と比べて直すところがないか確認するのが大好きなのです。そして「私にやれるだけの力が本当にあるの？」「私のヘンなところはどこだろう？」「他の人に私の欠点がバレるかな？」と問いかけてくるのです。

⭐エクササイズ⭐　"ダメな"マグカップを評価する

　あなたのマインドが作った"あなたのストーリー"と"あなた自身"が本当は違うということを知る、ちょっと変わったエクササイズがあります。このエクササイズにはマグカップが必要なので、台所から持ってきてください。お気に入りのものがあればベストです。

　目の前にマグカップを置いたら、あなたのマインドに、それをバカにさせてみましょう（変わったエクササイズをするってちゃんと言いましたよね〔笑〕）。

　マインドを使って、そのマグカップをケチョンケチョンに言ってやりましょう。そのマグカップの悪いところ、使えないところ、醜いところ、変なところを評価させましょう。少し時間をかけて、そのマグカップに評価を下し、罵り、ダメなところを探し尽くすというのを、あなたのマインドにさせましょう。

　では、もう一度マグカップを見てみましょう。これだけやったわけですが、マグカップは変化しましたか？　それとも全く同じままですか？

　当たり前ですが、マグカップは何も変わっていません。あなたのマインドが何を言っても、マグカップは同じままでした。

　同じことがあなたにもいえます。あなたのマインドがあなたのことをど

う言おうが、あなたの本当の姿は変わらないのです。

マインドは油断なりません。マグカップやあなたにダメなところがある、と思い込ませようとします。まるでお腹をナイフで刺されるかのように、そのダメなところをリアルなものだと、思い込ませようとするのです。

ダメだ、というのを思い込ませようとするマインドのたくらみは、今やってもらったマグカップのエクササイズや、ユカリとミナミの場合と同じです。マインドがどんな評価を下しても、もの自体が変わることはありません。マグカップもそのままでした。ミナミもそのままでした。変わったのはあなたのものの見方です。これはいつの間にか起こるので、自分で気づかないこともあります。あなたのマインドが活動しすぎると、天使が悪魔、そして悪魔が天使とあなたに思わせることもできます。本当は何も変わっていないのに、友だちが自分を嫌っているように思わせることもできます。あなたは何も悪くないのに、あなたは欠点だらけだと思わせることもできます。

マインドなんて気にしない

では、そのたくらみをどうやって見抜きましょうか？　ポイントは、観察すること、そして何に耳を傾けるか、その決め方を練習することです。マインドが作業中なのを観察できれば、途中で気づくことができます。観察することで、大切なことを手に入れられます。マインドが仕事をしているのに気づく力、マインドの評価に対してどうするか選択する力、その選択に基づいて実行するかどうか決める力です。

マインドレス戦士は、役に立とうが立つまいが、マインドの評価がすべてだと思い込み、マインドのアドバイスに乗っかります。選択する力が自分にあるなんて思ってもみません。「どうせできないよ」とか「力不足だよ」とマインドが言う時、マインドレス戦士はそれをすっかり信じてしま

い、本当は自分にとって大切なことだとしても、それをあきらめてしまうのです。

　マインドフル勇者は、心を整えること、マインドマシーンが作業中なのを観察すること、マインドの評価に対して用心深くなることを学びます。自分にとって大切な価値に耳を傾け、自分にとって大事なことをふまえて物事を決めます（"自分にとって大切な価値"については、あとの章でじっくり説明します）。もしマインドのアドバイスが自分に大事なことに役立つと判断するなら、そのアドバイスに従います。役立たないアドバイスならば、「マインドなんて気にしないよ」と言って、それで終わりです。

✴️ エクササイズ ✴️ 「マインドなんて気にしない」を学ぶ

　これまで触れてきたように、マインドは相当進化しています。そのため、マインドが絶対正しいと思えてしまうのも当然なのです。「マインドなんて気にしない」と言うのは、かなり難しいかもしれません。ちょっと練習してみましょう。次の表を見て、それぞれのケースで自分がどうするか考えてみてください。各段を横に読みます。右端までいったら、自分にとって大切な価値に耳を傾けた時どちらを選ぶか、○をつけてみましょう。

あなたのマインドのつぶやきを観察する	マインドのつぶやきを聞き入れた時、自分がどうするか観察する	自分にとって大切な価値（かち）（自分が大事にしたいこと）に耳を傾（かたむ）ける	どうするか決める
「私は数学ができない」	あきらめるか、数学の勉強をあまりしない	自分に合ったレベルで勉強して、自分なりのベストを尽（つ）くす	選択肢（せんたくし）1：マインドのつぶやきを聞き入れ、あきらめる 選択肢2：マインドなんて気にしない
「あいつを殴（なぐ）らなければ、俺（おれ）は腰（こし）抜けの弱虫（よわむし）野郎（やろう）だ」	殴（なぐ）る	人とちゃんと接して、尊敬（そんけい）される人間になる	選択肢（せんたくし）1：マインドのつぶやきを聞き入れ、殴（なぐ）る 選択肢2：マインドなんて気にしない
「私は人から愛されない」	デートに誘（さそ）うのをやめる	大切な人間関係を育む	選択肢（せんたくし）1：マインドのつぶやきを聞き入れ、やめる 選択肢2：マインドなんて気にしない

　これまでどおり、どちらの選択肢（せんたくし）が正しい／間違（まちが）っているということはありません。決めるのはあなたです。ただ、あなたもそう思うかもしれませんが、私たちはいずれも、「マインドなんて気にしない」と言って、自分が大切にしたいことに向かう方がいいと思っています。

マインドマシーンに耳を傾けないことを選ぶ

　少しだけ注意しておきます。「マインドなんて気にしない」を選ぶと、あなたのマインドは本当に止まらなくなることがあるかもしれません。あなたが「心変わり」することをねらって大暴走するかもしれないのです。これに驚きすぎないでください。マインドマシーンが凶暴になっても、自分にとって大事なことをするという選択は可能なのです。信じられませんか？　ちょっと試してみましょう。自分に「私はこの本のページをめくれない」と言うのです。数回繰り返して、本気の本気で「私はこの本のページをめくれない！」を自分に信じ込ませてください。それから、ページをめくってください（でも、めくったらここに戻ってきてくださいね）。

　自分の考えが「できない」と言っても、ページをめくれましたか？

　この実験は単純すぎに思えたでしょうから、別の例を出します。あなたのマインドはできるかどうか疑っていたけど、何か難しいことをやれた経験を思い出せますか？　疑いの気持ちがあったけどしたかったことをしたとか？　やる気がないと思いながらも、行動はできます。例えば、疲れを感じている時でも、運動できるのです。

　きっとあなたは、すでにいろいろと「マインドなんて気にしない」と言ってきたのです。いくつか例を挙げましょう。

- あなたのマインドが、ある人を殴るとかバカにするとか卑劣なことをするように言ってきたけど、あなたはそうはしないと選んだ
- あなたのマインドが、「どうせ失敗する」とあなたに言ってきたけど、それでもあなたはやることにした
- あなたのマインドが、「疲れたからやめようよ」とか、「もう飽きたでしょ」とあなたに言ってきたけど、それでもあなたはそれをやった

　一番効果的な「マインドなんて気にしない」の方法のひとつは、あなたが今体験している考えに名前をつけることです。ちょっと変わった説明になるのですが、非常に強力です。厄介な考えを体験している時、その考えの前後に次の2つの言葉を入れてから、もう一度言ってみてください。

- 「私の頭には……という考えが浮かんでいる」
- 「私に……と教えてくれてありがとう、マインドさん」

　例えば、「私の頭には『自分は負け組だ』という考えが浮かんでいる」とか「私に『数学のテストはどうせダメだろう』と教えてくれてありがとう、マインドさん」という感じです。

　このねらいは、作業中のマインドマシーンに気づき、それを言い換えてみるというものです。マインドのスイッチは、心底願っても、オフにはできないのです。問題発見マシーンは四六時中、仕事しています。これはいいことだったんです。だって、大昔は私たちが生き延びるのに役立ってきたのですから。あなたが「マインドなんて気にしない」と言う時、マインドの言うことが何であっても、それに基づいた行動をするかどうか、あなたは選べるのです。こう考えてみてはどうでしょう。どんな考えであっても、あなたが大切にしたい価値と矛盾する行動を、あなたに強制することはできないのです。

まとめ

ここまでで、いくつかはっきりしてきたと思います。

- **マインドは、当てにならないアドバイザー。マインドフル勇者である**

あなたは、マインドが生み出す考えを、必ずしも真に受けて行動しなくていいのです。

- **マインドは、あなたについてのストーリーをささやいてきます。**今まであなたに起こったことをいろいろ盛り込み、それをコンパクトで扱いやすい一口サイズに圧縮します。そんなの、本来のあなたそのものではありません。ただの言葉なのです。

- **マインドは、評価という色眼鏡で世界を眺めます。**マインドは物事の評価を、"良い"から"悪い"へ、そして"悪い"から"良い"へと変えられます。でも普通、物事それ自体は変わっていません。「変わったよ」と、マインドがあなたを説得しにきただけなのです。

- **マインドの言うことには、説得力があります。**マインドは自分が生んだものをあなたに信じ込ませようと、たくさん努力します。生み出したストーリーや評価は100%真実だし信じないとね、とあなたに思わせたいのです。

つまり？　マインドのスイッチを切ることはできませんが、マインドからのアドバイスに必ず耳を傾けるかどうか、あなたは決めることができるのです。

第 9 章

賢い見方を伸ばす

この章で学ぶスキル		
し 深呼吸をして、心を整える	✓
な 何が起きているか観察する	✓
や やりたいこと・大切にしたい価値に耳を傾ける	✓
か 価値に沿った行動を決めて、実行する	✓

　あなたとは、あなたがなりたいと欲したそのものなのです。なぜまだ探すのですか？　あなたは素晴らしき"あらわれ"なのです。全宇宙が一体となり、あなたの存在を可能にしました。「あなたでない」ものはないのです。神の国、浄土、涅槃[訳注1]、幸福、解放、そのすべてがあなたなのです。

——ティク・ナット・ハン[訳注2]

　ここまで、あなたの内側での闘いについて、その観察の仕方を学んでき

訳注1）涅槃＝悟りの境地のこと。
訳注2）ベトナム出身の禅僧。

ました。今この瞬間に"碇"を下ろして留まるため、呼吸の活用を学びました。自分の気持ちと闘うのではなく、一緒にいることも学びました。マインドマシーンのストーリーを真に受けたり、そのアドバイスに従わなきゃと思うのでなく、ただそれと一緒にいるということも学びました。そして、この本のパート3に進む準備が整ったのです。パート3は、自分が大切にしたい価値を人生の案内役にして、自分が望む道を発見し、歩んでいくのに役立つでしょう。

限界はない

　あなたが大切にしたい価値に沿った人生を歩むにあたって、答えてもらいたい大事な質問があります。あなたは、自分の限界をどんなふうに考えていますか？　自分にできないことをどのように考えていますか？　この本のパート3では、壮大な話ですが、自分らしい世界に1つだけの人生をめざすことを考えてもらいたいと思っています。ただ、まずは自分の限界に関する考えを真に受けなくてもいい、という点を押さえておきましょう。

　あなたのマインドは、あなたにできないことがあると信じ込ませようとするでしょう。誰のマインドでも、つまりあなたのマインドも私のマインドもあなたの親御さんのマインドも、時々マイナスな自己評価をしてきます。「アホなやつ」「足りないやつ」「変なやつ」「人に好かれないやつ」「無価値なやつ」「見込みのないやつ」「弱いやつ」「しょぼいやつ」のように。

　こういった、自分の限界を決めつける考えをどうしましょう？　最初のステップは、"賢い見方"を知ることです。自分についての考えが、間違いない真実ではなく過ぎ去りゆくもの、という視点で眺めることです。賢い見方というのは、この本でずっと練習してきたのと同じ、観察スキルのひとつです。あなたの人生についての視点が得られます。この章で、この

視点を磨く方法をいくつかお伝えします。

✴ エクササイズ ✴ "賢い見方"をちょっとしてみる

あなたのマインドはストーリー、特にあなた自身についてのストーリーを作るのが大好きというのを覚えていますか？ そのストーリーには、「あなたらしさやあなたの性格というのは、石に刻まれたように変化しないものだから、それを変えるのは不可能だ」と思わせるという問題点があります。例えば、「私は愛されない」というストーリーを信じてしまうと、「私は愛を見つけるのに、もがき苦しむだろう」というのも信じてしまうでしょう。このストーリーを信じ込んでその通りに振る舞ってしまうと、それが自己暗示になって本当にそうなりかねないのです。

このエクササイズは、自分の限界を決めつけるストーリーが、浮かんでは消える考えにすぎないと気づくのに役立ちます。そのストーリーは不変なものではないので、あなたが何者か決めつけることはできません。すべての人と同じように、あなたは常に変化し、進歩しています。あなたは、その瞬間瞬間に何をするか、どんな人間になるか、選ぶことができます。そしてあなたがどんな人間になるかというのは、あなたがこの世界で何をするかにかかっています。

あなたもあなたについてのストーリーも常に変化しているということが分かるよう、次のエクササイズをやってみましょう。これまでの人生のところどころの出来事を振り返り、そして将来についても想像してみましょう。

7歳くらい

覚えている出来事＿＿＿＿＿＿＿＿＿＿＿＿＿＿＿＿＿＿＿＿＿＿

＿＿＿＿＿＿＿＿＿＿＿＿＿＿＿＿＿＿＿＿＿＿＿＿＿＿＿＿＿＿

＿＿＿＿＿＿＿＿＿＿＿＿＿＿＿＿＿＿＿＿＿＿＿＿＿＿＿＿＿＿

＿＿＿＿＿＿＿＿＿＿＿＿＿＿＿＿＿＿＿＿＿＿＿＿＿＿＿＿＿＿

＿＿＿＿＿＿＿＿＿＿＿＿＿＿＿＿＿＿＿＿＿＿＿＿＿＿＿＿＿＿

どんなふうに周りから見られていましたか？＿＿＿＿＿＿＿＿＿＿

＿＿＿＿＿＿＿＿＿＿＿＿＿＿＿＿＿＿＿＿＿＿＿＿＿＿＿＿＿＿

＿＿＿＿＿＿＿＿＿＿＿＿＿＿＿＿＿＿＿＿＿＿＿＿＿＿＿＿＿＿

＿＿＿＿＿＿＿＿＿＿＿＿＿＿＿＿＿＿＿＿＿＿＿＿＿＿＿＿＿＿

＿＿＿＿＿＿＿＿＿＿＿＿＿＿＿＿＿＿＿＿＿＿＿＿＿＿＿＿＿＿

あなたはその時どんな気持ちでしたか？＿＿＿＿＿＿＿＿＿＿＿＿

＿＿＿＿＿＿＿＿＿＿＿＿＿＿＿＿＿＿＿＿＿＿＿＿＿＿＿＿＿＿

＿＿＿＿＿＿＿＿＿＿＿＿＿＿＿＿＿＿＿＿＿＿＿＿＿＿＿＿＿＿

＿＿＿＿＿＿＿＿＿＿＿＿＿＿＿＿＿＿＿＿＿＿＿＿＿＿＿＿＿＿

＿＿＿＿＿＿＿＿＿＿＿＿＿＿＿＿＿＿＿＿＿＿＿＿＿＿＿＿＿＿

あなたはどんなことを考えていましたか？＿＿＿＿＿＿＿＿＿＿＿

＿＿＿＿＿＿＿＿＿＿＿＿＿＿＿＿＿＿＿＿＿＿＿＿＿＿＿＿＿＿

＿＿＿＿＿＿＿＿＿＿＿＿＿＿＿＿＿＿＿＿＿＿＿＿＿＿＿＿＿＿

＿＿＿＿＿＿＿＿＿＿＿＿＿＿＿＿＿＿＿＿＿＿＿＿＿＿＿＿＿＿

＿＿＿＿＿＿＿＿＿＿＿＿＿＿＿＿＿＿＿＿＿＿＿＿＿＿＿＿＿＿

12歳くらい

覚えている出来事＿＿＿＿＿＿＿＿＿＿＿＿＿＿＿＿＿＿＿＿
＿＿＿＿＿＿＿＿＿＿＿＿＿＿＿＿＿＿＿＿＿＿＿＿＿＿＿
＿＿＿＿＿＿＿＿＿＿＿＿＿＿＿＿＿＿＿＿＿＿＿＿＿＿＿
＿＿＿＿＿＿＿＿＿＿＿＿＿＿＿＿＿＿＿＿＿＿＿＿＿＿＿
＿＿＿＿＿＿＿＿＿＿＿＿＿＿＿＿＿＿＿＿＿＿＿＿＿＿＿

どんなふうに周りから見られていましたか？＿＿＿＿＿＿＿＿
＿＿＿＿＿＿＿＿＿＿＿＿＿＿＿＿＿＿＿＿＿＿＿＿＿＿＿
＿＿＿＿＿＿＿＿＿＿＿＿＿＿＿＿＿＿＿＿＿＿＿＿＿＿＿
＿＿＿＿＿＿＿＿＿＿＿＿＿＿＿＿＿＿＿＿＿＿＿＿＿＿＿
＿＿＿＿＿＿＿＿＿＿＿＿＿＿＿＿＿＿＿＿＿＿＿＿＿＿＿

あなたはその時どんな気持ちでしたか？＿＿＿＿＿＿＿＿＿＿
＿＿＿＿＿＿＿＿＿＿＿＿＿＿＿＿＿＿＿＿＿＿＿＿＿＿＿
＿＿＿＿＿＿＿＿＿＿＿＿＿＿＿＿＿＿＿＿＿＿＿＿＿＿＿
＿＿＿＿＿＿＿＿＿＿＿＿＿＿＿＿＿＿＿＿＿＿＿＿＿＿＿
＿＿＿＿＿＿＿＿＿＿＿＿＿＿＿＿＿＿＿＿＿＿＿＿＿＿＿

あなたはどんなことを考えていましたか？＿＿＿＿＿＿＿＿＿
＿＿＿＿＿＿＿＿＿＿＿＿＿＿＿＿＿＿＿＿＿＿＿＿＿＿＿
＿＿＿＿＿＿＿＿＿＿＿＿＿＿＿＿＿＿＿＿＿＿＿＿＿＿＿
＿＿＿＿＿＿＿＿＿＿＿＿＿＿＿＿＿＿＿＿＿＿＿＿＿＿＿
＿＿＿＿＿＿＿＿＿＿＿＿＿＿＿＿＿＿＿＿＿＿＿＿＿＿＿

今の年齢

最近あった出来事

\
\
\
\

どんなふうに周りから見られていましたか？

\
\
\
\

あなたはその時どんな気持ちでしたか？

\
\
\
\

あなたはどんなことを考えていましたか？

\
\
\

35歳くらい

　最後は、35歳の時を想像してほしいのです。実際にどうなっているか分からないのですが、自分がどうなっているか想像してみましょう。

起こるかもしれない出来事_____

_____

_____

_____

どんなふうに周りから見られているでしょうか?_____

_____

_____

_____

あなたはその時どんな気持ちになるでしょうか?_____

_____

_____

_____

あなたはどんなことを考えているでしょうか?_____

_____

_____

_____

　この4つの年齢のことを考えてから、この質問に答えてください。あなたらしく生きている時、自分のどの部分が同じでしょうか？＿＿＿＿＿＿＿

＿＿＿＿＿＿＿＿＿＿＿＿＿＿＿＿＿＿＿＿＿＿＿＿＿＿＿＿＿

＿＿＿＿＿＿＿＿＿＿＿＿＿＿＿＿＿＿＿＿＿＿＿＿＿＿＿＿＿

＿＿＿＿＿＿＿＿＿＿＿＿＿＿＿＿＿＿＿＿＿＿＿＿＿＿＿＿＿

＿＿＿＿＿＿＿＿＿＿＿＿＿＿＿＿＿＿＿＿＿＿＿＿＿＿＿＿＿

＿＿＿＿＿＿＿＿＿＿＿＿＿＿＿＿＿＿＿＿＿＿＿＿＿＿＿＿＿

　直球の質問に見えますが、実はとても難しい質問なのです。そこで逆に、同じでない部分を考えてみましょう。

　外見：7歳と35歳の外見は同じではないでしょう。

　気持ち：7歳の時の感情は35歳の時と同じではないでしょう。例えば悲しみ。35歳の時は、幼い子どもの悲しみではなく、大人の悲しみを感じるでしょう。

　考え：これはもっと簡単ですね。35歳の時の考えが7歳の時と全く同じでないことは分かりますね。35歳になって砂場で遊びたいとは言わないでしょ！

　では、同じなのは何でしょう？　それは<u>あなた</u>です。
　いろんな部分が変わるでしょうけど、あなたはいつもここにいます。"あなた"は単なる身体ではありません。"あなた"は単なる気持ちでもありません。そして"あなた"は単なる考えでもありません。"あなた"はあなたの身体、気持ち、考えを知り、それを見ている"観察者"なのです。これこそ、私たちが"賢い見方"と呼ぶものです。

内なる観察者

　年を重ねていけば、物事は常に変化していると分かるでしょう。それでも“あなた”はそこにいて、変化する物事を観察できるのです。変な表現かもしれませんが、自分の世界について学ぶ“あなた”、身体を動かした“あなた”、気持ちを感じた“あなた”、何かを考えた“あなた”を、変わらない“あなた”が経験するのです。そして“あなた”は、20年後の“あなた”が何を考えどんな気持ちでいるか、想像することもできます。

　変ですよね？　みんなそうなのに、多くの人は、一歩引いて観察するこの能力を活用していません。賢い見方が身につくと、自分についてのストーリー、特に、できないというストーリーについて、真に受けなくなるでしょう。賢い見方は、“あなた”がいて、それとは別に、あなたやあなたが何者かというストーリーがあると理解することに役立ちます。賢い見方ができれば、ストーリーは変化しても、あなたの芯の部分は変わらないのです。

　あなたのマインドは時々、あなたがどんなにダメか、変な人か、力不足か、といったストーリーをあなたにささやいてきます。「自分はヘンなやつだ」のように、そういうストーリーを信じたくなるかもしれません。問題発見マインドは、あなたの考えをあなたの欠点に集中させやすいのです。でも覚えておいてください。“あなた”と、ストーリーは別々に存在しているので、“あなた”はストーリーの展開を、一歩引いて冷静に見ることができるのです。あなたは、自分で思っている以上の存在なのです。

✦ エクササイズ ✦　将来を予言する

　具体的に説明するため、この絵を見て、何だと思うか書いてみましょう。そしてそれについてのストーリーも考えてみましょう。先に進む前にやってみてくださいね。

　これはモミジの木の実の絵でした。次にこの実が、右の絵のような木になると想像してみてください。

　考えてみましょう。最初の絵やあなたが考えたストーリーの中に、あんな形のものからこんな素敵な木になるといったものはありましたか？　もしモミジの木の実だと知っていたなら、知らなかったつもりで考えてみてください。モミジの木の実は、モミジの木とは全く似ていません。小さいですし、茶色ですし、壊れやすそうですし。モミジの木の実だと知らなければ、あなたのマインドは、あれがモミジの木になるなんて思いつきもし

ないのです。同じように、あなたのマインドはあなたを見て、あなたが何になるのかなんて、全然分かっていないのです。

✸ エクササイズ ✸　"賢い見方"を試してみる

　賢い見方を体験する別の方法です。このエクササイズで、次々に3つのことを順に考えてみるというのをやってみましょう。

1. まず微笑んで、何かとってもプラスな気持ちになることを想像してください。多分、大事な何かに成功するとか、友だちと一緒にいるとか、ペットと遊んでいるなどがいいでしょう。何かプラスな気分になることを考えてみましょう。
2. 次に怒った顔をして、めちゃめちゃ腹の立つことを想像してください。あなたや友だちがひどいことをされた、みたいなことを。腹が立つ気分になることを考えてみましょう。
3. 最後に悲しい顔をして、悲しくなることを想像してください。多分、大切な人や大事なものを失うとか、自分にとって大事なチャンスを逃す、みたいなことでしょうか。悲しい気分になることを考えてみましょう。

　こうやって3つ考えてみましたが、考えたことはそれぞれ違っていたけれど、あなたの奥にある芯の部分は同じままということに気づいてみましょう。あなたはそこにいて、冷静に観察して、考えと気持ちが変化しているということが分かっていたのです。私たちが賢い見方と言っているのは、このことなのです。

　賢い見方ができれば、自信喪失をまねく考えが浮かんでは消える様子を見守ることもできます。考えを無理に変える必要はありません。賢い見方

が身につくというのは、自由を発見するのに似ています。

☆ エクササイズ ☆　考えが浮かぶ　vs.　考えになる

　このエクササイズは、あなた自身とあなたの考えを区別するのに役立ちます。下の一覧は、人の評価として浮かびやすい考えです。ひと通り見て、自分自身について「そうだ」と思えるものに、チェックしてください。

☐ 怠けている　　☐ やる気のない　　☐ 臆病な

☐ 感じの悪い　　☐ アホ　　☐ 無力な

☐ 短所がある　　☐ 足りない部分がある　　☐ 無価値な

☐ 無能な　　☐ 変な　　☐ ムカつく

☐ 弱っちい　　☐ しょぼい　　☐ みじめな

☐ 普通な　　☐ 気分屋　　☐ 傷つきやすい

☐ ブサイクな　　☐ 使えない　　☐ 好かれそうにない

☐ 悪い　　☐ ボロボロな　　☐ 不気味な

☐ 意地悪な　　☐ 向いていない　　☐ キレやすい

☐ ダメな　　☐ ふさわしくない

　だいたいの人がそうですが、多分あなたも、チェックがつくものがいくつかあったと思います。そこで、こういう考えについての賢い見方をお伝えします。ある考えが“浮かぶ”ことと、その考えに“なる”は別のものだと気づいてもらえたらと思います。まず、あなたがチェックしたものを1つ取り上げて、以下の空欄に入れてください。

　1. 私は＿＿＿＿＿＿＿。
　2. 私の頭には、「私は＿＿＿＿＿＿＿」という考えが浮かんでいる。

3. 賢い見方を活用すると、自分にはその考えが"浮かんでいる"こと、その考え通りに"なる"必要はないこと、そして賢い見方の方がいいと分かります。
4. 私にとって大事なことをするのに、こういった考えに邪魔されなくていいのです。

　例を挙げてみましょう。あなたがある考えに"なっている"時（私は自分にムカついている）、その考えが"浮かんでいる"と思うよりもきつく感じることがあります。

1. 私は自分にムカついている。
2. 私の頭には、「私は自分にムカついている」という考えが浮かんでいる。
3. 賢い見方を活用すると、自分にはその考えが"浮かんでいる"こと、その考え通りに"なる"必要はないこと、そして賢い見方の方がいいと分かります。
4. 私にとって大事なことをやる時、こういった考えに邪魔されなくていいのです。

　シンプルなエクササイズですが、考えは浮かぶものであり、あなたは考えそのものではないと気づくのに役立ちます。考えた内容にあなたが"なる"必要はないのです。すごいとか、ブサイクとか、別に、といったいろんなタイプの考えが浮かんできます。自分をコップだと思ってみましょう。コップには、苦い薬のような嫌な飲み物が入っていることも、美味しい飲み物が入っていることもあります。どちらが入っていても、コップそのものに変わりはありません。同じように、あなたには、ポジティブな評価もネガティブな評価も浮かびます。考えや気持ちも、ポジティブなものもあ

ればネガティブなものもあります。どちらでも、あなたはコップであって、その中身ではないのです。観察するコップそのものは変化しないのです。

自分への賢い見方といたわり

　人のマインドはネガティブになりやすいようです。ヒトという種が進化の過程で生き延び繁栄するため、問題発見に集中してきたからです。賢い見方は、とてもネガティブな状態でも、どう行動するか選択するのに役立ちます。自分自身をいたわるといったような、とてもポジティブなことをするチャンスも与えてくれます。もがき苦しむ人間として、そして、愛されたり何か達成しようと望む権利をもっている人間として、温かい目で自分を見ることができます。

　自分をいたわるのを、不安に思う人もたくさんいます。自分自身にいいことをすると、自制がきかなくなり、欠点がバレてしまうのではと恐れているのです。

★ エクササイズ ★　自分をいたわるのに抵抗があるかを調べてみる

次の考えをひと通り読んで、そうだと思うものにチェックしてください。

☐ 自分で自分をいたわるようなことをすると、私は弱い人間になってコントロールがきかなくなる

☐ 自分の欠点を受け入れると、欠点はもっと増えてしまう

☐ 自分に厳しくすることで、自分の欠点を隠せる

☐ 私は、自分自身をいたわるに値しない人間だ

☐ 自分で自分にダメ出しをしないと、やる気を保てない

　　□ 自分で自分にダメ出しをしないと、人から好かれることはない
　　□ 人生で何か成し遂げるために、自分を追い込まないといけない

　いくつかチェックがつきましたか？　だとしたら、みんなと同じです。自分をいたわってガードを緩めると、いろんな問題が出てくるのではないかと不安に思う人は多いのです。

　でも、こういう考えは全く間違っています。自分自身をいたわれる人は、ストレスの多い場面でもうまくやれます。自分のコントロールもできます。そして大切なポイントですが、"自分で自分を思いやれる人"は、強さが減るのではなく、より強くなる方に向かうのです。

　どうしてでしょう？　"自分で自分を思いやる"ことが、どうして強さにつながるのでしょう？

　あなたの内面のダメ出し屋（マインド）は、意地悪な家庭教師だと思ってください。その家庭教師はあなたにいろんな罵声を浴びせてきたり、あなたを軽蔑していると思ってください。そんな家庭教師が教える科目を一生懸命勉強しようと思いますか？　思いませんよね。同じように、あなたのマインドがあなたをいたわらなければ、あなたもやる気が出ませんよね。マインドから自分への意地悪やダメ出しがあってやる気が出せないのであれば、自分で自分を思いやるというのを試してみるといいかもしれません。

★ エクササイズ ★ "賢い見方"と"自分で自分を思いやる"方法を練習する

　このエクササイズは、賢い見方と自分で自分を思いやる方法を活用して、自信喪失にうまく対処するのに役立ちます。これまでのエクササイズの流れを踏まえて、この本で初めて、しなやかな勇者のスキルをすべて活用します。

　このエクササイズをやるため、前にやった「考えが浮かぶ vs. 考えになる」のエクササイズでチェックをつけた、自分へのダメ出しを1つ選んでください。できればちょっとねちっこくて、ついつい自分でも真に受けてしまいがちなものを選んでください。では、その自分へのダメ出しを以下に当てはめてみましょう。

1. **深呼吸をして、心を整える**：（風船がふくらむことをイメージして「1、2、3」と数えながら）息を吸い、（しぼむイメージで「1、2、3」と数えながら）息を吐いて、何度か深呼吸します。

2. **何が起きているか観察する**：私の頭には、「私は＿＿＿＿＿（自分へのダメ出しを入れる）」という考えが浮かんでいます。観察する私がいて、「私は＿＿＿＿＿（自分へのダメ出しを入れる）」という考えが浮かんでいる私もいます。

3. **やりたいこと・大切にしたい価値に耳を傾ける**："自分で自分をいたわること"を、大切にしたい価値にしていますか？（そうしてほしいと思います。誰もが、自分で自分を思いやるに値する人間ですから）　大切にしたい価値にしていたら、そこからの声に耳を傾けてください。

4. **自分で自分をどういたわるか決めて、実行する！**

　自分をどういたわればいいか分からないと思うかもしれません。その時は、自信を失って苦しんでいる友だちに言葉をかけるところを、想像してみることから始めましょう。
　友だちにどんないたわりの言葉をかけますか？　声には出さず、その言

葉を自分自身に言わせてみましょう。

　その友だちをなぐさめたり、安心させるために、どんないたわりの行動を取りますか？　それをやっている場面を想像してみてください。

　ここから、少し難しくなります。友だちにするように、進んで自分自身にやってみようと思えますか？　こういったいたわりを、進んで自分に向けられそうですか？

　自分で自分をいたわることを考えてみる、というのがスタートです。日々の生活の中で、実際にいたわりの気持ちをもって自分に接してほしいと思います。自分が自分に厳しくなりすぎている時、自分に言えそうないたわりの言葉は、どんなものがありますか？

　同じように、自分で自分にダメ出しをしている時、自分に対してできるいたわりの行動も、少し時間をかけていくつか書いてみましょう。例えば、あなたの心の支えとなる友だちと話したり、音楽を聴いたり、お風呂にゆっくり入る、といった何か楽しいことをするといいかもしれません。こういったことは、あなたがマインドのささやきから抜け出して、自分の人生を歩むのに役立つでしょう。

ケンがこのエクササイズをやっている様子を見てみましょう。その前に質問があります。これまでのケンから考えて、自分で自分を思いやるというのは、ケンにとって難しいと思いますか？

ケン：自分で自分を思いやる

観察スキルを練習し始めてから、自分のマインドってのは自分へのダメ出しでいっぱいになりやすいって分かったんだ。「自分がイヤだ」、「自分はひきょう者だ」、「ちゃんとやれっこない」、「自分はおかしいし、自分じゃ直せない」なんてことばっかり自分に言ってる。

でも今は、ちょっと違ってきたかも。これは問題発見マインドが作業中だからだって思えるし。マインドの言うことを真に受けると、こてんぱんにやられるっていうのが分かる。それに気づけてよかった。

今までは、自分で自分がイヤになると、怒りにまかせて何かして、その気持ちをなくそうとしていた。でもそうやっててもいいことはなかったから、ヘンなやり方だけど、"賢い見方"エクササイズをやってみようかな。

1. **深呼吸をして、心を整える**：よし、じゃあ、何回か、ゆっくり深呼吸してみるか。

2. **何が起きているか観察する**：俺の頭には、俺はおかしいという考えが浮かんでる。俺のマインドはダメ出しに忙しく、私刑執行人になっているって気づいている。

3. **やりたいこと・大切にしたい価値に耳を傾ける**：えっと、マジでスケボーしに行きたい。ということは、自分にとって何かいいこ

とをしたいってことかな。

4. **自分で自分をどういたわるか決めて、実行する！**：うん、ならスケボーしに行くか。もし"私刑執行人"が作業中なのに気づいたら、ただ「俺の頭には、俺はおかしいという考えが浮かんでる」と心の中でつぶやいて、あとはもうスケボーやろう。

　次は、自分へのダメ出し状態になっている時に、自分をいたわる方法を考えるってやつか。よく分かんないけど、これくらいはやれそうかな。

　友だちと話す
　ギターを弾く
　音楽を聴く
　兄弟でテレビを見る
　「（その時の嫌な考えを入れて）……が頭に浮かんでいる」みたいに心の中でつぶやいてみるのもありかな

　なんか、考えを消そうとするのとは違うっていう意味が分かってきたかな。自分のマインドにハマっている時、それに気づいて、しなやかスキルを活用してそこから抜け出して、自分にとって大事なことをやるってことか。

✪ エクササイズ ✪　いたわりの手紙を自分に書く

　自分で自分を思いやる方法の練習はこれで最後です。これまたヘンなやり方と思うかもしれませんが、今はとりあえずやってみましょう。自分で

自分を思いやる方法で自分と向き合ってみて、どんな感じがするか、試してみましょう。

　これは、前にやったエクササイズと似ています。まず、仲の良い友だちがもがき苦しんで自分へのダメ出し状態になっている時、自分だったらどんな言葉をかけてあげるか考えてみましょう。友だちへのいたわりを、どう表現しますか？　次に、同じ言葉を自分自身に言うように、自分宛てに手紙を書いてみましょう。いたわりの気持ちで、穏やかに。自然な気持ち、そうそう、と思える気持ちを何でも書いてもいいのですが、1つだけ、してもらいたいことがあります。誰だって自分へのダメ出しをするし、それは当たり前のことだと自分自身に伝えてほしいのです。ダメ出しをする自分にダメ出しをするなんてイヤでしょ！

拝啓（あなたの名前）＿＿＿＿＿＿様

まとめ

　向いていない、弱っちい、無価値、バカ……その他たくさんの自分への
ダメ出し評価は、天気みたいに過ぎゆくものです。あなたは、天気を包み
込む空のようなものです。晴れていい天気の時もあれば、暗くてうっとう
しい時もあるでしょう。あなたのマインドマシーンの評価のせいで、自分
の限界を決めつける必要はないのです。マインドがあなたをボッコボコに
しようという時でも、楽しい時間を過ごせます。自分が大切にしたい価値
に耳を傾け、自分にとって大事なことをやる、という選択ができるのです。

　まずは、自信を失った時に、自分で自分をいたわることから始めましょ
う。観察した結果、自分で自分をいたわっていなかったと気づいた時は、
何度か深呼吸して、こんなふうに言ってみましょう。「自分のマインドが、
私は○○（ネガティブな評価を入れる）だ、と言ってくる。私は自分のマ
インドを観察できる。賢い見方をすることで、自分の考えがただ過ぎゆく
のを観察できると知ったから。役に立ちそうだったらマインドに耳を傾け
るし、そうでなければそのままマインドを行かせよう。マインドに苦しめ
られている時でも、自分で自分をいたわる方法を見つけられる」

パート3

あなたの道を生きる

あなたの人生への答えは，"あなたそのもの"です。あなたの人生の問題には，"あなた"が唯一の解決です。

——ジョー・クーデア[訳注]

訳注) アメリカの作家。

第**10**章

自分が大切にしている価値を知る

この章で学ぶスキル	
し 深呼吸をして、心を整える	
な 何が起きているか観察する	
や やりたいこと・大切にしたい価値に耳を傾ける	✓
か 価値に沿った行動を決めて、実行する	

　何より大切なのは、自分自身に対して忠実であることだ。そうすれば、夜が昼に続くがごとく、自然に、誰に対しても誠実になれるはずだ。

――シェイクスピア

　「やりたいこと・大切にしたい価値に耳を傾ける」。意味不明ですよね？　たぶん、何それって感じですよね。大切にしたい価値が何かって、どうやって見つけるのでしょう？　ちょっと困ったなと思っても、ご心配なく。今回はこれがテーマになります。この章とこの後の３つの章で、あなたが大切にしている価値を明らかにすることのお手伝いをします。そして、価

値に沿った行動を決めて、それを実行することもお手伝いします。

　これからの冒険であなたに必要なのは、オープンな心と、夢を見て、探究して、発見しようという心構えだけです。

　準備はいいですか？　では、エクササイズから始めてみましょう！

⭐エクササイズ⭐　数に従って生きる

　1から10の中で6つの数字を選んでください。1、3、3、7、4、4のように、同じ数字を2回以上選んでもかまいません。ズルはしないこと！確認のために先を読まないでくださいね。

　あなたの選んだ数字6つをここに書いてください。

☐　☐　☐　☐　☐　☐

　それでは、読み進んで OK です。

　さて、この 6 つの数字で、人生すごろくをしてもらいます。次のすごろくにはあなたの運命が書かれています。

　スタートのところから始めてください。まずは、あなたが選んだ最初の数の分だけ移動してください。それから、2 番目に選んだ数の分移動するというように、数字 6 個分繰り返してみてください。途中で何が起こって、最終的にどこにたどり着くのか、あなたの人生はどうなっていくのか、すごろくの数字に従ってください。

ここからスタート

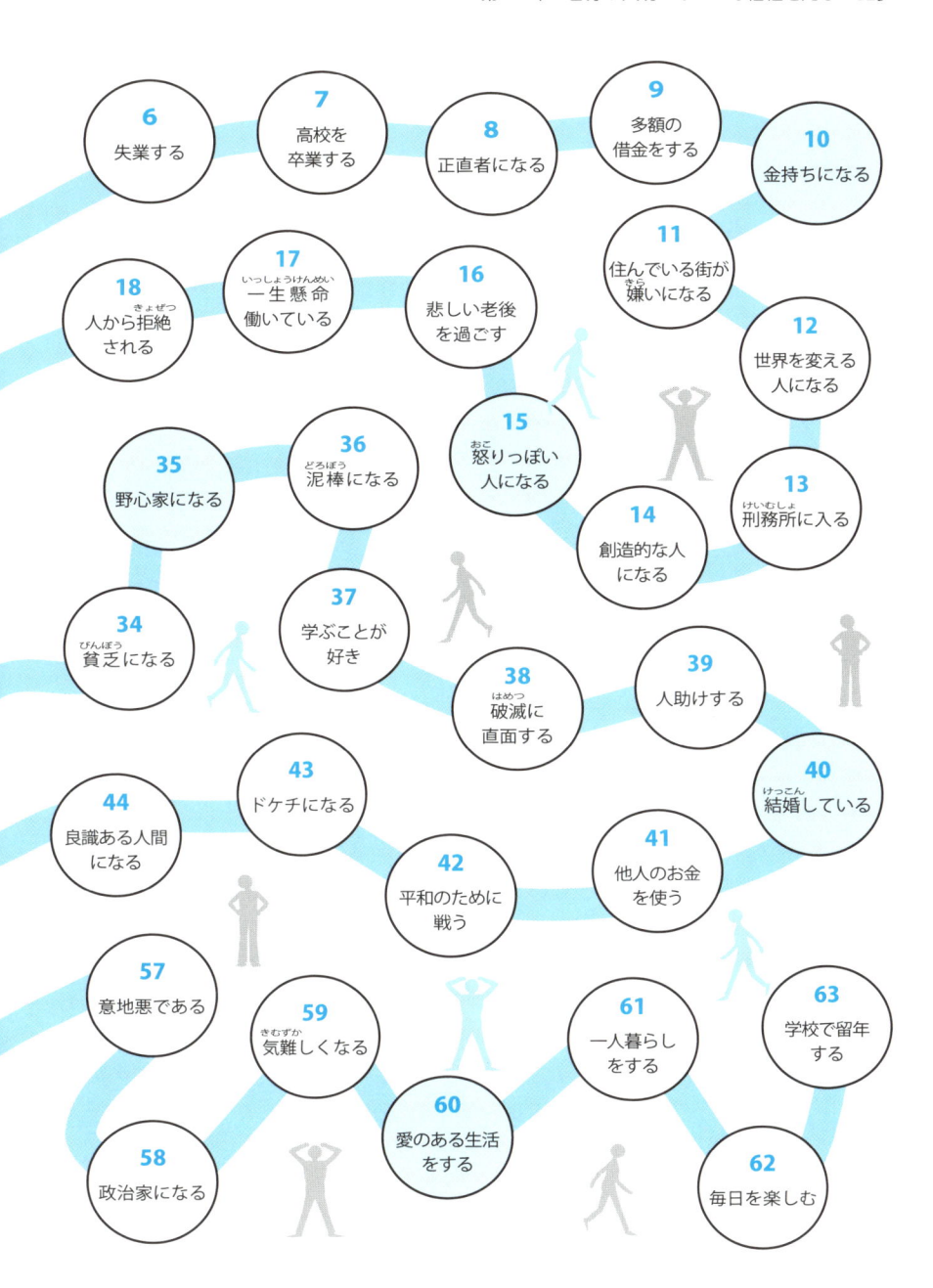

どうでしたか？　最後はお金持ちでしたか？　それとも破滅してしまいましたか？　愛を見つけましたか？　あるいは世捨て人になってしまいましたか？

自分で決める方がいいと思いますか？　刑務所行きとか勇敢とか、勝手に決まるのは好きじゃないですか？

分かりました。では、ここでもう一度すごろくができます。けれども、今回は自分の人生で絶対に手に入れたい6つのものを、マスの中から自由に選べるのです。

あなたが選んだ6つのものを下に書いてみましょう（この章の後半でまた使います）

1. _____
2. _____
3. _____
4. _____
5. _____
6. _____

まず、自分にとって大切なものを真剣に考えることなく、人生をただ過ごしたらどうなるか考えてみましょう。人生を、すごろくのように生きるなんて、クレイジーだと思いません？　でも人はいろいろな理由でそうしてしまいます。多くの場合、"マインド"が「大切にしたいことを自分で選ぶなんて！」と言うからです。だから、選択をしない人が多いのです。でもこれは、あなたが望む人生の歩み方ではないですよね。

あなたが大切にしたい価値を生きる

　あなたが大切にしたい価値を生きるということは、あなたにとって大事なことに耳を傾け、それに沿った行動を選択することを意味しています。それは「私はこう生きていきたい」、「私はこれを大切に思う」、「これをすることを私の目標にしたい」と言葉にすることです。あなたにとって本当に大切なことを見つけ出すには、探偵のように丁寧な調査が必要で、そしてあなたが、その大切にしたい価値を行動に移すには、勇気が必要です。でもそれは、努力に値するものです。なんといっても、サイコロのなすがままではないのですから。

　自分が大切にする価値に沿った行動を、自分で選べると思っている人はあまりいないだろうと私たちは考えます。そして、もちろん、多くの若者は、自分の周りの大人は自分に選ばせてくれないと不満を言います。私たちはそうではありません。私たちはあなたに、本当に選択できるのだと知ってもらいたいのです。そして私たちは、あなたがそれを探し出すためのお手伝いをしたいのです。ただ、価値に沿って生きることにどんな意味があるのかを知るには、実際に自分で選んでやってみるしかないのです。

　これは、なかなかいいことのように思えます。けれども、いくつか警告しなければなりません。何を選択するか考えると、多くの不快な感情が呼び起こされます。それに、"マインド"は暴走しがちで、「おまえは十分頑張っていない」とか、「友情や愛を手に入れるに値しないダメなやつ」とか、いろんな評価を始めます。そして、この本をここまで読んできたら、こういった評価が心に浮かんできたら次にどうするか、もう分かっていますね。確かに、不快な気持ちになることもあるでしょう。そこで、あなたのマインドフル勇者のスキルを必ず使ってください。「あなたの生き方において重要なこと」について考えれば、しばしば嫌な気持ちになることも

あるということに気づいてください。そういう時は、特に、しなやかスキルを使うという心構えで、あなたにとって大切な道に沿って歩んでください。

☆エクササイズ☆　大切にしたい価値をちらっと　　　　　　　　見てみる

　このエクササイズでは、あなたは架空の状況で行動を決める練習をします。あなたの大切にしたい価値を選択するトレーニングのようなものです。架空のものなので、大胆にやってみましょう。それぞれの質問に、好きなだけたくさんの答えを書いてみましょう。もっとスペースが必要でしたら、別の紙かノートを使ってください。

　使いきれないくらいのお金を持っていたら、あなたはどうしますか？

1. ＿＿＿＿＿＿＿＿＿＿＿＿＿＿＿＿＿＿＿＿＿＿＿＿＿＿＿＿＿＿＿＿＿＿＿

2. ＿＿＿＿＿＿＿＿＿＿＿＿＿＿＿＿＿＿＿＿＿＿＿＿＿＿＿＿＿＿＿＿＿＿＿

3. ＿＿＿＿＿＿＿＿＿＿＿＿＿＿＿＿＿＿＿＿＿＿＿＿＿＿＿＿＿＿＿＿＿＿＿

4. ＿＿＿＿＿＿＿＿＿＿＿＿＿＿＿＿＿＿＿＿＿＿＿＿＿＿＿＿＿＿＿＿＿＿＿

5. ＿＿＿＿＿＿＿＿＿＿＿＿＿＿＿＿＿＿＿＿＿＿＿＿＿＿＿＿＿＿＿＿＿＿＿

6. ＿＿＿＿＿＿＿＿＿＿＿＿＿＿＿＿＿＿＿＿＿＿＿＿＿＿＿＿＿＿＿＿＿＿＿

　楽しいですよね？　あなたが他の人と同じようであれば、プール付きの豪邸に住み、高級車を何台も乗り回し、あちこちの有名レストランに行って、世界を旅行して、とにかく望むものはすべて手に入れる姿を想像したかもしれません。素晴らしい！

　では、あなたが望むものすべてを買い、世界中を旅行して、冒険をして、自分だけの島まで購入したとしましょうか。そうすると、あなたは物を買うことにちょっとうんざりしてくるかもしれません。では次は何をしますか？　例えば、困っている人を助けたり、何かクリエイティブなことをしたり、家族、友人、愛する人たちと多くの時間を過ごすかもしれませんね。あなたがするかもしれないことを、ここに書いてみましょう。そして、もっとスペースが必要でしたら、別の紙かノートを使ってください。

1. _____

2. _____

3. _____

4. _____

5. _____

6. _____

　さて、今やってみた 2 つの質問への答えを見比べてください。大金持ち

になるのも素晴らしいことですが、もしかしたら自分の人生の使い方はお金の使い方よりももっとずっと大切ではないですか？

　お金を使うことに飽きた後で何をするか、という第二の質問への答えは、あなたの大切にしたい価値をよりはっきりとさせてくれます。2つ目の質問で書いた答えを選んだ理由は何ですか？　「自分にとって何かの意味があるから」という答えだといいな、と私たちは思っています。

大胆に夢を思い描く

　アメリカ公民権運動の指導者であったキング牧師は、「希望を失えば、なぜか人生への活力も失い、すべてに立ち向かって進むための勇気さえも失ってしまう。だから、私は今日もなお夢をもっている」と言いました。私たちは、あなたも含めてほとんどの人たちがキング牧師と同じだと考えています。ほとんどの人たちに大きな夢があるのです。ポイントは夢について考えて、あなたの人生で大切な方向を示してくれるコンパスのように、夢を人生の進路のガイドとして使うことです。次に挙げるのは、これができるようになるためのエクササイズです。

⭐エクササイズ⭐　大胆に夢を思い描く

　誰かがあなたの前にいると想像してください。あなたのことを本当に大切に思ってくれて、あなたが何を大切にしているのかを知りたがっている人です。その人はあなたの思いにとても強い関心を寄せていると想像してください。そして次の質問に、あなたがその人に話しているかのように答えてください。その際、遠慮はしないでくださいね。本当に聞きたがっている人にあなたの考えを分かってもらうチャンスなのですから！

　そうやって答えている時、あなたのマインドがよくないアドバイスを与

えてくるので、気をつけてください。例えば、マインドは「一番大きな夢なんて達成できないさ」と言うかもしれません。人々が思い切って夢を見ようとすると、マインドはほとんどいつも批判的になります。このマインドをただ観察して、とにかく思い切って夢を思い描いてみましょう。また、前にやった人生すごろくで選んだ 6 つのものを思い出してください。それが、ここで何が大切なのかを考えることにも役立つでしょう。

　もし、あなたに魔法の杖があって、この世界の何かを変えられるとしたら、何を変えますか？　最初にパッと思いついたものを 3 つ書き出してみましょう。

1.　＿＿＿＿＿＿＿＿＿＿＿＿＿＿＿＿＿＿＿＿＿＿＿＿＿
　＿＿＿＿＿＿＿＿＿＿＿＿＿＿＿＿＿＿＿＿＿＿＿＿＿＿＿＿
2.　＿＿＿＿＿＿＿＿＿＿＿＿＿＿＿＿＿＿＿＿＿＿＿＿＿
　＿＿＿＿＿＿＿＿＿＿＿＿＿＿＿＿＿＿＿＿＿＿＿＿＿＿＿＿
3.　＿＿＿＿＿＿＿＿＿＿＿＿＿＿＿＿＿＿＿＿＿＿＿＿＿
　＿＿＿＿＿＿＿＿＿＿＿＿＿＿＿＿＿＿＿＿＿＿＿＿＿＿＿＿

　この中で一番好きなものを選び、ここにそれを書いてみましょう。

　＿＿＿＿＿＿＿＿＿＿＿＿＿＿＿＿＿＿＿＿＿＿＿＿＿＿＿＿＿
　＿＿＿＿＿＿＿＿＿＿＿＿＿＿＿＿＿＿＿＿＿＿＿＿＿＿＿＿＿

　次はこの質問です。良い友人関係に重要なことは何だと思いますか？ここでもパッと頭に思い浮かんだものを 3 つ書いてみましょう。

1.　＿＿＿＿＿＿＿＿＿＿＿＿＿＿＿＿＿＿＿＿＿＿＿＿＿
2.　＿＿＿＿＿＿＿＿＿＿＿＿＿＿＿＿＿＿＿＿＿＿＿＿＿
3.　＿＿＿＿＿＿＿＿＿＿＿＿＿＿＿＿＿＿＿＿＿＿＿＿＿

　この中で一番大切なことは何か、じっくり考えて、ここに書いてみましょう。

_____

_____

　最後の質問です。あなたが人生で何かすごいことを達成するチャンスを与えられたとしたら、何をしますか？　遠慮しないでくださいね。ここには何の制限もありません！　これは夢を思い描く練習ですから、好きなだけたくさん、すごいことを書いてみましょう。もっとスペースが必要でしたら、別の紙かノートを使ってください。

1. _____

_____

2. _____

_____

3. _____

_____

4. _____

_____

5. _____

_____

6. _____

_____

どうでしたか？　これらの質問について考えるだけでも、とても勇気がいります。そしてあなたのマインドはきっと、あれこれ口出ししただろうと思います。「私は愛にあふれた世界にしたい」、「私は真剣に話を聞いてあげられる友人になりたい」、「私はベストセラー作家になりたい」などと大胆に書くことに、恐ろしさやおかしさを感じるでしょう。たぶん、あなたのマインドはなんらかの評価を言ってきたでしょう。例えば、「こんなエクササイズくだらない」のような考えとか。あるいは、あなたの限界に焦点を当て、「……だからこれは絶対にできない」のようなことを言って、あなたにはどうせ夢を実現する力などないと信じさせようとしたでしょう。これは楽しいことではありませんが、もうお分かりのように、こんな考えが頭に浮かぶのは普通のことです。あなたの考えがどんなことを言っていてもよいのです。思い出してください。あなたはいつだってただ考えが過ぎゆくのを見ていられるのですから。

あなたは、自分の夢が現実的とも実現可能とも思わないかもしれません。それはそれでいいのです。私たちが出会った多くの若者が同じように考えていましたし、私たちもかつてはそのように考えたものです。ミカなんかまさにそう考えています。では、彼女がこのエクササイズをやった時に、何が起こったのか、そして、マインドの妨害に対処するためにどのようにマインドフル勇者のスキルを使ったのか見てみましょう。

ミカ：大胆に夢を思い描く

魔法の杖があって、世界の何かを変えられるとしたら、何をするかですって？

1. 大気や水の汚染を止める。
2. 人々がお互いにもっと仲良くできるようにする。

3. 貧困をなくす。

この中で、一番好きなのは汚染防止だわ。

良い友人関係に重要なことは何かって？　前に元親友のマキがショウと私の噂をひろめた時、間違いなく学んだことがあって、それが重要な3つよ。

1. お互いを信用できること。
2. 一緒に楽しんで、笑えること。
3. お互いに親切であること。宿題を手伝うとかね。

この中で一番重要なのは、お互いを信用できることだわ。

3つ目の質問ね。今はそんなふうに見えないかもしれないけど、実は私、人生の中でやりたいって思えるすごいことをたくさん考えているのよね（魔法の杖があればの話だけど）。

1. 自分のレストランを経営するオーナーシェフになる。
2. 運命の人を見つけて、夢のような素敵な時間を一緒に過ごす。
3. 世界を旅行して、新しい文化を経験したり冒険したりする。
4. 世界中の食べ物について学んだり、その熱い思いを友だちと語り合ったりする。
5. 汚染についての抗議活動をして、人々がこのことをどれほど心配しているのか、政治家に耳を傾けさせる。
6. 素敵で美しく見えるように、きちんとした食事をして、エクササイズをする。

7. 結婚して子どもをもつ（わっ、変な感じ！　でも、いつかはそうしたいわ）。

　でも、これを書きながらでさえも、私はマインドくんが"仕事をしている"のが聞こえたわ。「１つでもできるって考えるなんて、私は相当なバカだ」って言っている。だって、私なんて友だちもいないし、お先真っ暗なただの負け組なんだから。私が、シェフに……、フン！たぶん、食品工場で一日中、魚の頭を切り落とす仕事かなんかをするはめになるのよ。誰かが雇ってくれるだけでラッキーだから、退屈で将来性ゼロの仕事でも満足すべきなのよ。それだって、あればの話だし。

　ね？　マインドフル勇者とかをやってみると、私のマインドくんはここでもマジで"サービス残業"をしちゃっているって気づけるの。しなやかスキルを試すのにいいタイミングってことだと思うわ。深呼吸と自分のマインドくんの言っていることに気づくことから始めようっと。

　次は観察ね。問題発見中の様子（「私はバカだ」、「私は負け犬だ」）が見えるし、マインドくんが私に説得工作中（「私は将来性ゼロの仕事で満足すべきだ」）だってことが見えるわ。オッケー。悪い観察じゃないと思う。

　マインドマシーンからはどうやったって逃げられないんだから（だって脳みそをおいて遠くには行けないでしょう〔笑〕！）、ただマインドが生み出す考えを観察して、もっとうまく観察できるように、例のセリフをつけ足すとしますか。

　そう、こんな感じ。

　私の頭には「私は自分の人生をぶち壊した」という考えが浮かんで

いる。

　私の頭には「私には絶対何も良いことは起きない」という考えが浮^うかんでいる。

　私の頭には「私には退屈^{たいくつ}で将来性^{しょうらいせい}のない仕事と人生しか値^{あたい}しない」という考えが浮^うかんでいる。

　私の頭には…………「げっ！　私のマインドくんはこんなネガティブなことをひっきりなしにやっているんだ！」という考えが浮かんでいる。

　例の"賢い見方"とかいうものが分かったかも。"私"は（マインドが下す）"私の評価"とイコールじゃないわ！

　で、今度は自分が大切に思う価値に耳を傾ける必要があるんだったっけ。オッケー。私が大切にしている価値っていうのは、シェフになるっていう将来の夢と今すぐに友だちを作ることだわ。今はそれだけ。

　しなやかの最後の部分は、"価値に沿った行動を決めて、実行する"よね。そしたら私の決断は、マインドフル勇者のスキルを練習して、"賢い見方"をして、私は私の評価とイコールじゃないんだって理解することだわ。本当は怖いけど、私は夢を見ることへの心構えを持ち続けるとも決めたわ。

まとめ

　自分が大切にしたい価値に沿って生きることを学ぶということは、夢をもち、何かを知ることへの心構えをもつということです。確かに、あなたはそれに基づいて行動していく必要がありますが、まずは自分の夢について考えることがスタートです。たとえ、よく分からないとか、怖いと感じるとしても。

　きっとあなたは、私たちが「大切にしたい価値に耳を傾ける」と言っていることの意味が分かってきましたね。それでは、次の 2 つの章では、あなたにとって重要なことに狙いを定めて、毎日行えるようにするためのお手伝いをします。やっぱり、"生きる"ことは"夢見る"ことではないのですから。"生きる"ことは"する"ことです。

　あなたの問題発見マインドはきっと、あなたが夢見ることを止めさせようとするでしょう。あなたの夢はかなわないとか、大きすぎるとか壮大すぎるとあなたに言うでしょう。確かに私たちは、あなたがあなたの夢を達成できると保証はできません。けれども、確かなことがひとつあります。

自分の夢が何であるのかあなたが知らなければ、実現できる可能性は低いということです。大胆に大きな夢をもつことは、あなたが愛するもの、あなたが大切に思うもの、あなたが味方したいものが何かを知る、いい方法のひとつなのです。

第11章

人として大切にしたい価値を知る

この章で学ぶスキル	
し 深呼吸をして、心を整える	
な 何が起きているか観察する	✓
や やりたいこと・大切にしたい価値に耳を傾ける	✓
か 価値に沿った行動を決めて、実行する	✓

　かつてのあなたと今のあなたの間の旅こそがまさに、人生のダンスが起こる場所である。

——バーバラ・デ・アンジェリス^{訳注)}

　私たちは皆旅人であり、一人ひとり多くの道を選べます。あなたはどの道を行きますか？　一番報われる道は、あなたが価値をおいていて、大切に思うものの方向へ向かう道だと、私たちは信じています。この章（と第12章，第13章）は、第10章であなたが学んだ大切にしている価値について深めていきます。

訳注）アメリカの作家。

　自分が大切にしていることを知れば、エネルギーと勇気をそちらの方向に向けられます。大切にしている価値は、あなたが目的意識を持ち、強くいられることに役立ちます。人々が、あなたをあなたの進むべき道から遠ざけることが、ずっと難しくなるからです。逆もまた真です。あなたが何に"大切にしたい価値"をおいているのか自分自身で知らなければ、目的もなくさまよったり、簡単に他人の言いなりになり、自分ではない誰かが望むような人生を歩んでしまうかもしれません。

　この章は、自分自身がどんなふうに成長していきたいのかを考え、自分について大切にしたい価値をはっきりさせるお手伝いをします。ちょっと聞きなれない表現かもしれませんが、私たちはこれを"自己価値"と呼びます。（自分の）自己価値について、たくさんのことを学べば、あなたはもっと自分を高められるでしょう。そして、自己価値を理解して、それを踏まえて行動していくと、もっと喜びや満足のある人生を歩めることに気がつくでしょう。第12章は友情において大切にしたい価値を、第13章はこの世界の中で大切にしたい価値を明確にできるようお手伝いします。

✖ エクササイズ ✖　自己価値を明確にする

　次の表を見てください。自分自身について重要だとよく言われる価値をいくつか示しています。あなたも身につけたい、自分の人生の中で増やしたいと望むものかもしれません。では、それぞれがあなたにとって今現在、どのくらい重要であるのか、0（全く重要ではない）から10（最高に重要である）で評価してみましょう。この他のあなたにとって特に重要な自己価値を記入できるように、空欄も入れておきました。

0	1	2	3	4	5	6	7	8	9	10

全く重要　　　　　　　　　　そこそこ　　　　　　　　　最高に
ではない　　　　　　　　　　　重要　　　　　　　　　　　重要

重要度	価値	重要度	価値
	勇気がある		何かを学ぶ
	クリエイティブである		自制心がある
	賢い		楽しむ
	冒険好きな		感謝の心を持つ
	好奇心旺盛な		魅力がある
	食べるのが好き		リラックスしている
	エンターテイメントを楽しむ		健康である

　全部に点数をつけたら、高得点をつけた 3 つについて少し時間をとって考えてみましょう。その 3 つの価値に沿うなら、どんなふうに生きるか、考えてください。もし、それらの価値に沿った決断をして、行動しているのであれば、あなたは何をしているでしょうか？　ポイントは小さなことから始めることです。例えば、楽しむことを、大切にしたい価値にするのであれば、「楽しむことは私にとって大切で、日々の中の小さくても楽しいことを見つけていきたい。何がそんなにおかしいのか分からないけど、友だちが楽しそうにしているので私も楽しくなってくる、みたいに。こういうことにちゃんと気づいていたい」のようなことを書くでしょう。

　ひとつ重要な注意があります。あなたの人生のこの段階で今すぐとりたい行動について書いてください。将来、あなたが変われば、大切にしたい価値も変わるでしょう。それは自然なことです。ただ、あなたが現在"大切にしたい価値"とこの章の後半で説明する"ゴール"は、今のあなた自身を反映しているはずです。他の人が大切だと言っていたり、何々すべきだと考えているようなものではなくて、あなたが大切にしている価値に焦点を当ててください。

　以下のスペースに、トップ3の自己価値に沿って、今、あなたが行動するとしたら、どんなふうになるのか、イメージして書き出してみましょう。

1. _____

_____

2. _____

_____

3. _____

_____

ミカ：自己価値を明確にする

　自己価値って、考えるのが難しかったわ。考えるだけでも、マインドフル勇者のスキルを使う必要があるって分かったの。最初はマインドくんが騒いでいたから、何分かかけて深呼吸をして、心を整えたの。そしたら、マインドくんがいろんな意地悪を言っているなって気づいたわ。「根性なしのくせに、なんでおまえにとって勇気が重要なんだ

よ？」なんて言うわけ。でも、そこからちょっといい感じになっていったんだ。マインドくんが評価しているってことに気づいて、ただ「見たぞ〜マインドマシーン」って考えて、とにかくこの価値のエクササイズを始めてみたの。ちょっと怖かったけど。

　今、私の価値のトップ3は、勇気がある、何かを学ぶ、魅力がある、かな。自分がそういうふうに今生きていたとしたら、どんなふうに見えるかっていうことについて、これから書いてみるわ。

1. 勇気があることは私にとって大事だし、今するとしたら、友だちに電話するとか、SNSでレスをつけるとか、自分の部屋にこもってないでショッピングに行くとかかな。

2. 学ぶことも私には大切。本を読んだり、ネットでいろいろ調べたりしているけど、もっと学びたいわ。料理にとっても興味があるから、ネットでいろんな料理本をチェックして、外国の料理にもチャレンジしてみたいな。

3. 魅力があるってことも私には大切。マキがあの噂をばらまいてから、私は消えたくなるような気持ちになった。地味な服を着て、とにかく目立たないようにって。魅力があるっていう価値に沿って生きるなら、前みたいに髪型にも気をつかって、おしゃれも楽しむってことだよね。これは、私の評価好きなマインドくんが「私はきれいじゃない」とか言うのに気づいて、そういう評価をかき消そうと頑張らずに（本当は消えてほしいけど！）、ありのまま、そのままおいておくっていうことでもあるんだよね。

✴ エクササイズ ✴　あなたの未来予想図

　もう少し、想像してみましょう。このエクササイズでは、今から5年後まででちょっと早送りをして、この5年間にあなたに起こったことについて、ショートストーリーを書いてみます。柔軟に自由に楽しみながら、想像力をフルに使いましょう。出し惜しみはしないでくださいね！　このエクササイズはちょっと「ごっこ」遊びのように子どもだましっぽく思えたり、国語の授業の作文みたいに感じるかもしれません。でも、やるだけの価値のあるエクササイズです。嘘くさく思えるかもしれませんが、何かをするためには、まずそれについて考えねばならないと歴史が示しているのです。

　次に挙げるのが、あなたのストーリーを書くためのガイドラインです。

1. それは今から5年後の話です。
2. あなたがトップ3の自己価値に沿って行動した、と想像してください。
3. そのストーリーには、5年の間に起こった成功した体験か満足した体験を3つ入れてください。
4. うまくいかなかったことも2つ入れてください。足を引っ張ったり、壁になったもので、あなたを邪魔したことです。

ストーリーを書くのが難しいなと感じたら、ちょっと先に進んで、ミカがこのエクササイズで書いたものを見てもいいですよ。ちょっと参考にしてから、自分のストーリーを書いてみましょう。いつものように、もっとスペースが必要でしたら、別の紙かノートを使ってください。

_____

_____

_____

　今から５年後のあなたの人生がどのようなものか想像してみて、あなたはどんなことに気づきましたか？　あなたのストーリーを読み返して、失敗した経験や満足した経験に下線を引いてください。どんな戦略が自分の価値に沿って進むのに役立ちましたか？　邪魔するものや壁を克服するのに役立った方略は何でしたか？

ミカ：未来予想図を書く

　ミカです。22歳です。すごい、やったぁ！

　高校時代、私たちがどれだけバカだったか、信じられないくらいです。バカなのは私だけじゃなかったんです。友だちもみんな今になって、あの頃やっていたバカなことを私に話してくれます。その当時、私だけがバカなんじゃない、つらいんじゃないって知っときたかったな。

　高校時代も学ぶことは大切に思っていたけど、友だちを避けることに時間のほとんどを使っていたの。透明人間になろうとしていて、そのせいで授業にもちゃんと出なかったし。どこでもいいから学校以外の場所にいたくて、ある日勇気を出して、地元のスーパーで働いている近所の人に、放課後の時間帯のアルバイトがないかって聞いてみたの。正直言って、その人に聞いてみるのは怖かったけど、自分に言い聞かせた。その人はあるかないかしか言わないだろうし、たぶん棒を持って追いかけてくるとか、脅すようなことはしないだろうって。なんと、その人は「あるよ」って言ったの！　そして、品出しのバイトを始めたわ。お金が稼げるっていいことで、ほとんどは素敵な服を買うのに使っちゃった。

　高校でのことがとてもつらかったから、大学には行かないと決めて、そのまま就職したの。仕事をするってどんな感じなのか学べるし、しばらくの間は楽しめたの。その仕事はロケット工学みたいな高学歴の仕事じゃないけど。私は信頼される人にならないといけなくて、一生懸命に働いて、小さなことからいろんなことを学ばないといけなかったの。だんだん、働く時間が長くなったわ。

　でも、シェフになることにずっと憧れていたから、その後、地元のレストランでバイトを探したの。20カ所くらい応募したかな。最初は、

厨房で働きたいって言ったんだけど、最終的には何でもするって言って。テーブルの片づけでも、客席の片づけでも、何でもって。でも、片づけ仕事ですらどこも雇ってくれないから、最大最悪の負け組みたいだと思った。しばらく、頑張るのをやめちゃったわ。

でも、料理の練習は続けていたし、私が作ったものはみんなとても気に入ってくれたの。そのおかげで、プロの料理人になって誰かと食べ物への情熱を分かち合うという夢を見続けられたの。そしてレストランの仕事探しを再開して、とうとう雇ってもらえたわ。スーパーのバイトと同じで、最初は小さいこと、基本的な準備の仕事から始めないといけなかったわ。でも、それからサンドイッチやサラダを作れるようになったの。1年働いた後、勇気をふりしぼって、シェフにメニ

ユーのアイディアを話してみたの。そしたら、気に入ってもらえちゃった。1つは実際メニューになったし！

　私のビッグな計画を聞きたい？　この春から、地元の大学のオープンカレッジに通うの。その後料理学校に行けるように、貯金も始めよう。

　あ、一番いいことを言い忘れるところだった！　私のことを本当に大事にしてくれる彼氏がいるの。彼は私がキレイだって思っているのよ！

夢をあきらめないで

　ミカのストーリーで、彼女がまずは小さな一歩から始めたことに気づいたかもしれません。そのうちいくつかは、近所の人にアルバイトについて聞いてみた時のように、うまくいって成功につながりました。他のいくつかは、何度も挑戦したのに雇ってもらえなかった時のように、「私はダメ人間だ」と感じてしまいました。重要なことは、毎回、彼女が大切にしたい価値に立ち返って、新しいスキルを学び続け、夢を追い求める勇気を再発見し続けたことです。

大切にしたい価値とゴールを区別する

　あなたが自分の自己価値を見つけるお手伝いに、けっこうな時間を使ってきました。この辺りで、あなたが大切にしたい価値とゴールの違いを理解できるように、そして、前進するためにあなたが価値とゴールを使えるように、少し時間を使います。

　大切にしたい価値に沿って進むことを、コンパスを使って西に向かう旅に例えてみましょう。その場合いつ、"西"に到着するでしょう？　そう、

いつまでたっても到着しません！　地球が丸い限り、あなたは "西" に向かってどこまでも旅を続けられるのです。大切にしたい価値に沿って生きることも同じです。心に留めておいてほしい、大切にしたい価値に沿った生き方の３つの重要な特徴をここに挙げます。

1. あなたが大切にしたい価値は、理想の生き方を反映するので、決して終わりが来ないのです。いつだって、人生には "次" があるから、生き方についての選択もまだあるのです。例えば、あなたが冒険的な人生を生きることを大切にしたい価値にしているのであれば、あなたは "冒険的な人生" の終着点に到着することは決してないのです。あなたはいつまでも、冒険に乗り出すかどうか選び続けられるのです。

2. 失敗やつまずきは、大切にしたい価値を台無しにはしません。今日、冒険的な選択をしなかったからといって、それがあなたの「冒険したい」という思いをゼロにするわけではありません。誰も、あなたから大切にしたい価値を奪うことなんてできないのです。

3. あなたが大切にしたい価値は、100％あなたのものです。大切にしたい価値をもつには、何か理由が必要だと思うかもしれません。また、世間や他の人が特定の価値をもつべきだと言うから、そうしなければいけないと感じてしまうかもしれません。でも最終的には、大切にしたい価値は、<u>あなた</u>にとって大切なものでなければなりません。

別のポイントもあります。大切にしたい価値に耳を傾け、それに沿った人生を生きることは、"ゴール" に到達することとは違うということです。"ゴール" には具体的な行為が含まれます。"やること" リストで、"済" のチェックがつけられるようなものです。さっきの「冒険的である」とい

う例だと、大切にしたい価値というのは、旅をする方向に当たります。ゴールは旅の一歩一歩のようなものです。冒険的であるという価値に沿うゴールは、自転車で富士山まで行く、普段は着ない色の洋服で街に出る、といったものでしょう。

　ゴール設定についてのちょっとした提案です。ゴールが具体的で、どこかに書いてあって、達成のための期限が設定してあると、達成する可能性が高まります。さっきの例でいうと、自分のゴールは、夏休みに富士山まで自転車で旅に出ると書いてみたり、今度の週末はピンクのワンピースで買い物に行くとカレンダーにメモしたりするといいでしょう。

✪ エクササイズ ✪　ゴールを設定する

　このエクササイズでは、ゴール設定の練習をします。この章で考えた価値で、もっと行動に移したいものを選んでください。あなたにとってとても重要な価値を選ぶのがよいかもしれません。たぶん、この章の前半で、あなたが最重要とした3つのうちの1つがよいでしょう。

　あなたの価値＿＿＿＿＿＿＿＿＿＿＿＿＿＿＿＿＿＿＿＿＿＿＿＿＿

＿＿＿＿＿＿＿＿＿＿＿＿＿＿＿＿＿＿＿＿＿＿＿＿＿＿＿＿＿＿＿＿

　ここで自分自身に質問してください。「何をしたら、この価値（かちに）に沿って生きていると思えるだろう？」と。3つのゴールの具体的な内容と、それをいつやるかリストにしてください。小さなステップでも前進だということをお忘（わす）れなく。

1. _____

　_____

　_____

いつやるか：_____

　_____

　_____

2. _____

　_____

　_____

いつやるか：_____

　_____

　_____

3. _____

　_____

　_____

いつやるか：_____

　_____

　_____

まとめ

　冷静に考えてみると、大切に思うこと、特に、私たちにとって達成感を与えてくれることをするのに計画を立てないといけないなんて、不思議に思えませんか？　自然とやるはずではないでしょうか？　実際には、私たちが大切に思うことをしない理由はたくさんあります。時には、人は自分で自分を大切に扱うだけの価値など自分にはないと考えるのです。時には、自分をいたわることは弱さや自律心の欠如の表れだと考えるのです。そして、多くの場合に、「成功」しようとか他人に良い印象を与えることにとらわれすぎて、自分自身を大切にすることや、人生という旅の途中でいろんなことを楽しむのを忘れてしまうのです。

　大切にしたい価値とゴールの違いを思い出してください。価値はあなたのコンパスです。大切にしたい価値は、どの方向にあなたが進みたいのかを教えてくれて、失敗したからといってなくなったりすることはありません。あなたがたまたま東に進んでしまっても、西がなくならないのと同じです。一方、ゴールはあなたが今できる具体的なことです。ゴールは、あなたが価値に沿って生きているということを、あなたに教えてくれるものなのです。

～～～～～～～～ 第 **12** 章 ～～～～～～～～

友情を築く

この章で学ぶスキル	
し 深呼吸をして、心を整える	✓
な 何が起きているか観察する	✓
や やりたいこと・大切にしたい価値に耳を傾ける	✓
か 価値に沿った行動を決めて、実行する	✓

友をもつ唯一の方法は、自分が友になることである。

——ラルフ・ワルド・エマーソン^{訳注)}

　誰だって、友だちが欲しいし、人から好かれたいと思うものです。友情を築くということは、好きなことを共有したり、一緒にいて楽しいと思える人を見つけることです。言うのは簡単ですが、実際は結構複雑なものですよね。友情は常に変化したり、発展したりします。成長の速い10代の頃は特にです。10代の頃の友情は、学年ごとに変わることもあるし、たった数カ月で親友になることだってあります。ですから、中学校や高校、

訳注）アメリカの哲学者。

そして大学でも、友だちをつくること、そして失うことについて、いろんなことを学ぶ必要があるのです。もっと言うと、一生の間、学び続けるのです。

　友情というものをどう捉（とら）えるのか。これが、友情の変化や困難（こんなん）にどう立ち向かうか、に影響（えいきょう）します。良い人間関係なんて努力しなくて自然にできなければダメと思っていますか？　友だちとはいつも、互（たが）いの仲を楽しまなければいけないのでしょうか？　愛情とは、自分ではコントロールできない、心を奪（うば）われてしまう、とても大きな波のようなものでなければいけないのでしょうか？

　これらの質問に「はい」と答えるのであれば、あなたはきっと、「良い人間関係とは自然にできあがっていくものだ」と思っているのでしょう。そういう時もあるかもしれませんが、100％そうだというわけでもありません。私たちは皆（みな）、友だちをつくり、その友情を保つために、努力が必要なのです。

　この章では、友情に巡（めぐ）り会うためには、ただ待っている必要なんてないということをお伝えしたいと思います。もっと出会いやすくすることも、今ある友情をもっと良くするためにもできることがあります。まず人間関係において、あなたにとって大切なものとは何かを知ることから始まります。まずは、エクササイズから始めてみましょう。

★ エクササイズ ★　本当の友情を生み出すものを理解する

　良い友情を生み出すものが何かを知ろうとしたら、まずは人気者を参考にしたくなるかもしれませんね。そういう人たちには、友だちがたくさんいるように見えますよね？　これから二人の人気者を見てみましょう。そして、この人たちと友だちになりたいかどうか、あなたに決めてもらいた

いと思います。

　ヒカルは美人で、友だちもたくさんいます。彼女はいろんな人とおしゃべりするし、いろんな人を話のネタにもします。噂話がとっても好きみたいなので、絶対に彼女を敵に回したくはありません。彼女とは仲良くしておいた方がいいとみんな分かっています。誰がイケてて、誰がイケてないとか、まるで彼女がすべて決めているかのようです。

　ここまでの内容で、ヒカルの友だちになりたいかどうか、当てはまるものにチェックしましょう。

　□　彼女とは友だちになりたくない。
　□　どちらでもない。友だちになるかもしれないし、ならないかもしれない。
　□　彼女と友だちになりたい。

　タカシはスポーツ、特にサッカーが得意です。女子からはイケメンだと言われ、タカシは自分のことを肉食系だと言っています。よく、「二股をかけている」なんて噂もあります。しょっちゅうケンカもしていて、だいたい彼が勝ちます。誰も彼をからかったりなんかしません。

　ここまでの内容で、タカシの友だちになりたいかどうか、当てはまるものにチェックしましょう。

　□　彼とは友だちになりたくない。
　□　どちらでもない。友だちになるかもしれないし、ならないかもしれない。
　□　彼と友だちになりたい。

　今見てきたこの二人は、立場が上だったり、力があるという理由で、人

気者の地位にいます。この人たちの友だちになりたいですか？　「なりたくない」と答えるのなら、みんなと同じです。人気者は、いつだって好かれているというわけではありません。意地悪（いじわる）な人だっています。誰（だれ）かをいじめたり、悪ふざけしたり、嫌（いや）な噂（うわさ）を広めるかもしれません。誰かをバカにして笑いを取るかもしれません。この人にハブられる（仲間はずれにされる）と怖（こわ）い、と周りに思わせるかもしれません。人気のグループに誰を入れるとか入れないとか、そんなことを仕切ろうとするかもしれません。

　友だちのそんなところを見たいですか？　あなたは誰（だれ）かに、こんなことをしたいですか？　こんなことをしても、親密（しんみつ）で本当の友情は築けないんだとすれば、何が必要なのでしょうか？

⭐ エクササイズ ⭐　友情において大切なことを見つけ出す

　このエクササイズでは、友だちにしてほしい行動を考えてもらいます。友だちがしているところを見たいと思う行動5つに、チェックしましょう。

□ 集まってワイワイやる

□ あなたと同じ視点（してん）に立ってくれる

□ 噂話（うわさばなし）をする

□ 同じ音楽を好きになる

□ あなたが素の自分を出せる

□ 面白いことを言う

□ 親切である

□ 意地悪（いじわる）をする

□ いろいろ貸し借りできる

□ おしゃれな服を着る

□ あなたの失敗（しっぱい）を許してくれる

□ 何かを一緒（いっしょ）に楽しむ

□ 話をよく聞いてくれる

□ スポーツをする

□ いろんなことに好奇心（こうきしん）をもつ

□ 騒（さわ）がしくする

□ 素敵な仕草をする

□ 正直である

□ 面白そうにする

□ 他人をからかう

　あなたが選んだ友だちにしてほしい行動は、実は、そういった人を引き寄せるために、あなたもする必要がある行動なのです。例えばあなたが、素の自分を出せる友だちを見つけるためには、他人が素の自分を出せるような接し方を、あなたも練習する必要があります。自分の話をじっくり聴いてほしいのであれば、他の人に心から耳を傾ける練習をする必要があるのです。これはいつもうまくいくわけではないし、最初のうちは失敗するかもしれません。それでいいのです。大切なのは、あなたが友情の中で大切にしたい価値を見つけ、それに沿った行動を選ぶことなのです。

✦ エクササイズ ✦　人間関係で大切にしたい価値を明確にする

　さぁ今度は、あなたが友情として大切にしたいことや、他人にどう接したいか考えてみる番です。次の表を見てください。人間関係の中で重要とよく言われるような価値をいくつか挙げてみました。ひと通り読み、あなたは他人に対してどう接したいか考えてみましょう。この章では友情に焦点を当てていますが、家族や大事な人との関係についても考えることができるでしょう。

　それぞれの価値が、あなたの人生の今この時点で、どのくらい重要か、これまでと同じ 0（全く重要ではない）から 10（最高に重要である）で評価してみましょう。この他のあなたにとって特に重要な価値も記入できるように、空欄も入れておきました。

0	1	2	3	4	5	6	7	8	9	10

全く重要　　　　　　　　　　　　そこそこ　　　　　　　　　最高に
ではない　　　　　　　　　　　　重要　　　　　　　　　　　重要

重要度	価値	重要度	価値
	他人の気持ちを理解する		他人の失敗を許す
	謙虚である		コミュニケーションが上手
	親切である		愛情豊かである
	正直である		心が広い
	ユーモアがある		協力的である

　ここでちょっと時間をとって、高得点をつけた3つについて考えてみましょう。これらの価値に沿った決断をして、行動しているのであれば、あなたは何をしているでしょうか？　例えば、「親切であること」があなたの大切にしたい価値トップ3に入っているとしたら、「親切であることは私にとって重要です。クラスに初めて入る時、他の人たちと笑顔で挨拶したいです。あまりよく知らない人には特に。」のようなことを書くでしょう。なお、その価値はあなたにとって大切なものであって、"これが正解"というものや、"他の人があなたに期待している"ものではない、ということもお忘れなく。

　以下のスペースに、トップ3の価値に沿って、今、あなたが行動するとしたら、どんなふうになるのか、イメージして書き出してみましょう。

1. _____

_____

2. _____

_____

3. _____

_____

内側ビジョン／外側ビジョン

　人間関係は複雑で、混乱してしまうこともあります。ある時は親友だと思っていたのに、次の瞬間その人が口もきいてくれなかった、ということもあるでしょう。人間関係を長続きさせる一番の機会を自分でゲットするには、何ができるでしょう？

　ここで、マインドフル勇者の新たなスキルをお伝えします。ひとつは、あなたの観察力を鍛えるためのもの、内側ビジョン／外側ビジョンです。このスキルは、人間関係を発展させ、強化するのに役立ちます。

　内側ビジョン／外側ビジョンには、いくつかのことが含まれます。あなたに当てはめてみましょう。内側ビジョンとは、あなたの中に生じる考えや気持ちなどすべてを観察することです。そして外側ビジョンとは、外界、つまりあなたの身体の外の世界で何が起こっているか眺めてみること、となります。

　他人はあなたの外の世界にいるわけですから、あなたは、自分が見たもの（外側ビジョン）イコールその人（あなたが見ている人）が心の中で感じているもの、と思うかもしれません。でももう、そう思うのは間違いかも、と気づいていますね。他人は見た目よりずっと複雑です。外見は冷静なようだけど内面はとても不安、悲しい気分でも表情はハッピー、ということだってあります。他人を本当に理解するためには、その人の内面で何

が起こっているか、想像しなくてはなりません。ちょっとつかみにくいかもしれないので、内側ビジョン／外側ビジョンが友情を築き上げるのに使える例を見てみましょう。

　第3章のミカのストーリーを覚えていますか？　彼女（かのじょ）はクラスメイトとカラオケに行った時、ショウと話をしていました。ただ普通（ふつう）にしゃべっていただけでした。でもその時、ミカの親友で彼（かれ）を大好きなマキが、その場面を見てしまいました。マキは怒（おこ）って、「ショウを私から奪（うば）った！」と責めるようなひどいメールをミカに送りつけました。マキはとても人気者で、他人の噂話（うわさばなし）も好きなので、ミカは心配になりました。次の日、ミカが学校に行った時、そのマキが女子グループの中でしゃべっているのを見ました。

ミカはとても落ち着かない気分で、「どうしていつもうまくいかないの？友だちみんないなくなった。サイアク」と思いました。彼女は友だちと距離をおくようになり、状況は悪くなる一方でした。

　さてこの状況で、ミカがマキや女子グループのそばを通り過ぎる時、内側ビジョン／外側ビジョンをどう使うことができたのか、見てみましょう。基本的に、内側ビジョン／外側ビジョンでは、以下の表のような4つの質問を、自分自身に問いかけます。

	ミカ	マキ
ミカの 内側ビジョン	私はどう考え、感じているか？ ビクビクした気分で、ちょっとムカついてもいる。みんなが私のことを話題にしてるし、友だちはみんないなくなったと思っている。	もし、私がマキであれば、どんなふうに感じるだろうか？ 本当のところはよく分からないけど、私がマキだったら、怒って嫉妬もするし、そしてとっても不安、と感じるかも。
ミカの 外側ビジョン	私は外見上どう見えるか？ 普通に見えるようにしているから、普段通りに通り過ぎていく。	マキは外見上どう見えるか？ 何も気にしていないように、冷静に見える。

　これが内側ビジョン／外側ビジョンです。ミカが内面で感じていることと外見上はどう見えるか、これらがいかに違っているかが注目ポイントです。そしてミカはマキの外側しか見ることができません。彼女が目にするのは、マキが「冷静に振る舞っている」ように見えることだけ、という点

にも注目してください。ミカがマインドフルのスキルを使い、自分がマキの立場に立った時を想像すると、「外見とは違うことをマキは思っているかもしれない」と想像することもできますよね。

　あなたは、心の内では傷ついていても、外見は冷静に振る舞うことが多いですか？　もしくは、そうする人を知っていますか？　もしあなたが、自分の気持ちを他の人にバレないよう隠したことがあるのなら（よくあることだから、きっとありますよね）、他の人も、自分の感情を隠すことがあるんだ、と思えるでしょう。

✪ エクササイズ ✪　内側ビジョン／外側ビジョンを身につける

　他の人が内面ではどう感じているのか想像するというのは、かなり複雑なスキルです。うまくできるために、2つのステップでスキルの練習をしましょう。

1.　あなた自身と他人についての判断を手放す

　あなたのマインドを観察し、それがあなたについて何をささやいてくるか注意してみましょう。もしかしたら、他の人がどれだけあなたを傷つけたかとか、あなたがどう誤解されたかについて、マインドがささやいてくるかもしれません。そして、他の人に対するささやきも、同じように観察してみましょう。それはひょっとすると、「わざと意地悪をしたんだ」とか、「困らせようとしてやったんだ」みたいなものかもしれません。そういったささやきすべてを見つめてみましょう。これらのささやきに耳を貸して、何か役に立ちますか？　例えばミカにとって、「みんなが彼女のことを嫌っている」というささやきを信じたのは、役に立ったでしょうか？もし、あなたの役に立たないのなら、こういったささやきは、自分のマイ

ンドが創（つく）りだしたものにすぎないので、とにかく自分にとって大事なことをしてください。たとえそのささやきが、「そんなことできないし」とか「やっちゃダメだし」とか耳打ちしたとしてもです。

2. あなたが似た状況（じょうきょう）におかれた場合を想像しよう

他の人がどんな気持ちなのかを推測する一番いい方法（すいそく）は、あなたが過去に似たような状況（じょうきょう）におかれた時を思い出すというものです。まずその状況を頭の中に思い浮（う）かべ、その時起きたことをなるべく思い出してみましょう。誰（だれ）がそこにいたか、その人が言ったことやしたこと、あなたが見たり聞いたりしたことなどすべてを。似たような状況で経験したことや、そこであなたが感じた心の痛（いた）みやつらさは、他の人だったらどんな気持ちになるのかを想像するのにきっと役立つことでしょう。

この 2 つのステップの練習として、あなたが孤独（こどく）、恐怖（きょうふ）、不安を感じた時のことを想像してみてください。

- **内側**：孤独（こどく）を感じた時のことを思い出してください。その時の気持ちを、今もう一度感じてみてください。どんな感じがしますか？　身体のどの辺りで、その気持ちを感じますか？　お腹（なか）？　頭？　体全体？　そしてあなたが知っている中で、同じように孤独を感じていそうな人のことを考えてみましょう。その人の感じていることとあなたの感じていることがどう似ているか、想像できますか？

- **内側**：誰（だれ）かを怖（こわ）いと思っていた時のことを思い出してください。その時の気持ちを、今もう一度感じてみてください。その恐怖（きょうふ）をどこで感じますか？　胸（むね）？　お腹（なか）？　何を考えていましたか？　そしてあなたが知っている中で、例えば学校でいじめられている人のように、誰かを怖がっている人のことを考えてみましょう。その人は心の内で、ど

んなふうに感じているでしょうか?

- **内側**:自分の外見や能力のことなどなんでもいいので、不安を感じた時のことを思い出してください。その時の気持ちを、今もう一度感じてみてください。身体のどの辺りで、その気持ちを感じますか? 頭? お腹(なか)? そして、あなたが知っている中で、同じように不安を感じていそうな人のことを考えてみましょう。その人の感じていることとあなたの感じていることがどのように似ているか、想像できますか?

- **外側**:この3つの気持ちを思い浮(う)かべても、外から見たあなたは何も変わっていないことに注目しましょう。あなたが孤独(こどく)や恐怖(きょうふ)、不安を感じたとしても、他の人からは特に問題なさそうに見えるのです。

あなたのマインドが誰(だれ)かについてささやき始めた時は(例えば「あいつは100%意地悪(いじわる)だ」)、内側ビジョンを使ってみるといいでしょう。そのささやきが100%正しいと真(ま)に受ける代わりに、心を開いてささやきに関心を向けるようにしてみましょう。そして、その相手がどんな気持ちでいるか理解するために、観察のスキルを使いましょう。これであなたは、人間関係をよりよくできる状態になります。

内側ビジョン／外側ビジョンを使う

内側ビジョンについてひとつ注意があります。それは、いつも正確とはいえない、ということです。その人の立場に立って、その人が内面で何を感じているか知るための100%正確な方法なんてないのです。その人に聞いてみない限り。もちろん聞いてみても、何も教えてくれないかもしれな

いし、教えてくれたとしても、本当のことじゃないかもしれません。ただそうだとしても、内側ビジョンは役に立ちます。内側ビジョンを使わなければ、他人が何を考えどう感じているのか、じっくり考えることもなくなってしまいます。

　内側ビジョン／外側ビジョンというのは、あくまで手段です。あなたはそれを"使う側"であって、"使われる側"ではありません。例えば、「彼は私のこと嫌っているの？」、「何か悪いことしたかな？」、「どうしてあの子は私に話しかけないんだろう？」みたいに、気がつくと他の人にどう思われているか悩んでいる時には、内側ビジョンに"使われる側"になっているかもしれません。第7章に、問題発見・問題解決マシーンとしてのマインドのことが書かれていたのを覚えていますか？　マインドがすべて知っているわけではないことも思い出してください。他の人にどう思われているか気になって、身動きがとれなくなってしまったら、「マインドの言うことなんて気にしない」と、しなやかスキルを使う絶好の機会です。すでにお伝えしたように、人間関係は複雑です。確かな人間関係を築く一番の方法は、いろんな手段を使ってみることです。

✴ エクササイズ ✴　内側ビジョン／外側ビジョンをしなやかスキルと合体させる

　多くの場合、内側ビジョン／外側ビジョンを他のしなやかスキルと一緒に活用するのがベストかもしれません。友人関係でつらい時には、とても役に立つでしょう。内側ビジョン／外側ビジョンは観察の仕方のひとつなので、ここに挙げるやり方で、他のしなやかスキルと一緒に活用できます。

1.　深呼吸をして、心を整える
これは、あなたを"今この瞬間"につなぎ留めるのに役立ちます。

2. 何が起きているか観察する

内側ビジョン／外側ビジョンを使います。

a. 内面で何を感じますか？　外見はどう見えるでしょう？　例えば、落ち着いているように見えるのか、怒っていそうか、不安そうか、あるいは他の見え方ですか？

b. 他の人は内面でどう感じていると思いますか？　「私があの人なら、どんな気持ちになるだろう？」と、自分に問いかけてみましょう。そしてその人は外見上どう見えるのか、注目してみましょう。

3. やりたいこと・大切にしたい価値に耳を傾ける

「こういう時、私は＿＿＿＿＿＿＿＿人になりたい（理解力のある、心の広い、自分の思いを率直に言える、など）」のように自分自身に言い聞かせることが役に立つかもしれません。

4. 価値に沿った行動を決めて、実行する

この状況への対応を少なくとも4つ考えて、ベストなものを選びます。

現実の生活の中で特につらい時は、このステップ全部を思い出してやってみるのは難しいかもしれません。そのため、このエクササイズでは、状況を想定した練習もできるようになっています。最近、学校や家であなたがしたケンカとか言い争いについて考えてみましょう。その時の状況をはっきりと思い浮かべてください。ここで、4つのしなやかスキルを順番にやってみましょう。

1. 深呼吸をして、心を整える

そのケンカを思い浮かべて、出てくるどんな気持ちも吸い込んでおきましょう。その気持ちをそのままにしておきましょう。あなたの内側には、すべての気持ちをそのままおいておくだけの十分なスペースがあります。

2.　何が起きているか観察する

　ケンカについての以下の質問に答えながら、内側ビジョン／外側ビジョンを使いましょう。

	あなた	相手の人
内側ビジョン	私はどう考え、どう感じたか？	もし、私がその人であれば、どんなふうに感じただろうか？
外側ビジョン	私は外見上どう見えたか？	その人は外見上どう見えたか？

3.　やりたいこと・大切にしたい価値に耳を傾ける

　あなたが大切にしたい価値は、つらいことに耐える力を与え、どう対応したらいいか、方向性を示してくれるでしょう。今思い浮かべている状況の中で、あなたにとって大事なことは何かを考えてみます。もしかしたら、あなたはその相手との関係修復を大切にしたいかもしれません。もしかしたら、自分の思いを伝えることを大切にしたいかもしれません。どちらもやれる方法があるかもしれません。例えば、「この人との関係もよくして、自分の思いも素直に言うという道を選ぶ」ということもできます。その状

況で、どう行動したいですか？　自分の意見を率直に伝えますか？　誠実[せいじつ]でいますか？　気さくでいますか？　受け入れますか？　励[はげ]ましますか？それ以外ですか？　さあ、どうしたいですか？

4. 価値[か　ち]に沿[そ]った行動を決めて、実行する

あなたが大切にしている価値[か　ち]を知ることと、それを踏[ふ]まえて行動するのは別物です。そして、気持ちが混乱[こんらん]している時、その行動をとるのはけっこう難[むずか]しいものです。でも、忘[わす]れないでください。どんなに大変な状況でも、あなたは自分のやるべきことを選ぶことができます。他人の行動は選べませんが、あなたが大切にしている価値に沿[そ]った他の人への対応はあなたが選べるのです。

今思い浮[う]かべている状況[じょうきょう]の中で、あなたができる他人への対応方法を少なくとも4つ、考え出してみましょう。

1. _____
_____

2. _____
_____

3. _____
_____

4. _____
_____

5. _____
_____

6. _____
_____

　行動を考えたら、その中から1つ、実行する行動を選んでみましょう。どれでもかまいません。ただ、あなたが大切にしている価値に沿っていて、あなたの人生をより良くする、少なくとも悪くしないものを選びましょう。自分の人生から引きこもったり、相手に仕返しをするようなやり方は、（自分が大切にしたい価値が、隠れることや誰かを傷つけるというものでなければ）選ばないようにしましょう。

まとめ

　私たち人間というのは、生きていくうえでたくさんの困難にぶつかるようです。「人とうまくやっていけないなぁ」と思った時があるなら……おめでとう！　あなたもみんなと同じ普通の人間です。

　幸い、あなたは人間関係を良くするために、マインドフル勇者のスキルを活用できます。内側ビジョン／外側ビジョンは、他の人がどんな気持ちでいるのか、よりよく理解するチャンスを与えてくれます。内側ビジョン／外側ビジョンと他のしなやかスキルを一緒に活用すれば、大変な状況も切り抜けることができます。大変な時には、ゆっくり息を吸って心を整えて、内側ビジョン／外側ビジョンを使って観察しましょう。自分が大切にしたいことのために取るべき行動を決め、そして実行できるよう、自分が大切にしたい価値に耳を傾け、それに導いてもらいましょう。大変な時には、対応をなるべくたくさん思いつくことが重要です。覚えておきましょう。たくさん思いつくほど、自分が大切にしたい価値に沿った行動を選びやすくなります。

第 **13** 章

この世界の中で、
あなたの道を追い求める

この章で学ぶスキル		
し 深呼吸をして、心を整える		
な 何が起きているか観察する		
や やりたいこと・大切にしたい価値に耳を傾ける	✓
か 価値に沿った行動を決めて、実行する	✓

七転び八起き

——日本のことわざ

　第11章では、あなたが自分について大切にしたい価値、第12章では、友情において大切にしたい価値に焦点を当てました。この章では、あなたを包むこの広い世界とあなたとのつながりの中で、あなたが大切にしたい価値に気づけるようお手伝いします。「この世で見てみたい変化に、あなた自身がなりなさい」という（訳注：インド独立の父マハトマ・ガンジーの）言葉

を聞いたことがあるかもしれません。この章で学ぶのはそういうことです。この世界の中で、あなたが大切にしたい価値をはっきりさせるのに役立つでしょう。同時に、あなたの夢を実現する道筋を描くのにも役立つでしょう。それを達成するのは、自分が大切にしたい価値にまっすぐ向かって、努力を続け、そして自分自身を信じるためです。

★ エクササイズ ★ この広い世界で、あなたが大切にしたい価値を明確にする

　次の表を見てください。学業や仕事などで重要だとよく言われる価値をいくつか示しています。大きな目標のように思えますが、これまでの章と同じように、これはあくまで発見に向けた第一歩にすぎません。マインドフル勇者のスキルを使って考えよう、夢を描こう、計画してみよう、という気持ちさえあれば十分です。

　それぞれが、あなたにとって今現在、どのくらい重要であるのか、これまでと同じ 0（全く重要ではない）から 10（最高に重要である）で評価してみましょう。この他のあなたにとって特に重要な価値も記入できるよう、空欄も入れておきました。

0	1	2	3	4	5	6	7	8	9	10
全く重要 ではない					そこそこ 重要					最高に 重要

重要度	価値（かち）	重要度	価値（かち）
	何かを作り上げる		人助けする
	協力しながらやっていく		粘（ねば）り強くやる
	正しくあるよう努める		何かを成し遂（と）げる
	世の中をよくする		リーダーになる
	慎重（しんちょう）である		約束を守る
	アイディアを出す		集団をまとめる

　全部に点数をつけたら、高得点をつけた3つについて少し時間をとって考えてみましょう。もしその3つの価値（かち）に沿（そ）った決断をして、行動しているのであれば、あなたは何をしているでしょうか？　例えば、目標を達成するのがあなたの価値トップ3に入っていれば、「スポーツで目標を達成することは、私にとって重要です。テニスの練習を続けて、うまくなって、フェアプレーをして、楽しみたいと思います」のようなことを書くかもしれません。なおこれまでと同じように、その価値はあなたにとって大切なものであって、"これが正解"というものや、"他人があなたに期待している"ものではないということもお忘（わす）れなく。

　下のスペースに、トップ3の価値に沿って、今、あなたが行動するとしたら、どんなふうになるのか、イメージして書き出してみましょう。

1. _____

_____

_____

_____

2. _____

_____

_____

_____

3. _____

_____

_____

_____

✪ エクササイズ ✪　自分の中でやり遂げる

　あなたが多くの人と同じなら、何かを達成するまでにたくさんのプレッシャーを感じることでしょう。まわりの人や世の中はあなたに、勝つことがすべてと教えてきたかもしれません。そして達成したかどうかについて、結果で判断されることもよくあります。例えば「成績はよかった？」「スタメンになれた？」「文化祭の演劇で何か役をもらえたの？」「勝ったの？」みたいなことを聞かれたことがあるでしょう。

　でも、勝つことと何かを達成することは、同じでしょうか？　この問いに答えるために、以下の例を読み、あなたが正しいと思う方に○をつけてみましょう。

例1

あなたの目標は、理科でクラス1番になることでした。一生懸命勉強して、宿題以外の勉強も頑張りました。確かにいい成績だったのですが、1番ではありませんでした。これは失敗でしょうか？

　　　　はい　　　　いいえ

なぜその答えにしましたか？

_____

_____

_____

_____

例2

あなたは、みんなで協力する、ということに価値をおいています。クラスの班活動で、あなたはみんなが一緒にやれるようベストを尽くしましたが、仕事をしなかったメンバーがいたためうまくいきませんでした。これは失敗でしょうか？

　　　　はい　　　　いいえ

なぜその答えにしましたか？

_____

_____

_____

_____

例3

　あなたは、正しくあるよう努める、ということに価値をおいています。ある男子がいじめられていて、あなたに助けを求めています。でも、どうしたのか彼に尋ねようにも、彼は何も言おうとしません。そして彼へのいじめは続いています。これは失敗でしょうか?

　　　　　はい　　　　いいえ

　なぜその答えにしましたか?

_____

_____

_____

_____

_____

例4

　あなたは、陸上競技で登録選手に選ばれたいと思っています。トレーニングの本を読みまくり、監督に助言を求め、ハードな練習もこなしました。でも、選抜の結果、あなたは登録選手になれませんでした。これは失敗でしょうか?

　　　　　はい　　　　いいえ

　なぜその答えにしましたか?

_____

_____

_____

_____

_____

え？　と思うかもしれませんが、この4つの例で、あなたは"失敗ではなかった"方（いいえ）をいくつか選んだと思います。なぜって？　なぜなら達成には、外見的なものと内面的なものという、2つの違ったものがあるからです。そして、内面的な達成の方が、あなたが大切にしたい価値に沿って生きるということになりますし、その方がもっと大切なのです。外見的な達成は、身体の外側の世界でどれくらいうまくやれたかで計ります。それも確かに重要だし、悪いわけではないのですけれどね。

外見的な達成にとらわれすぎた時の一番の問題は、何もかも思い通りにコントロールすることは絶対できないということです。他の人が取る成績はコントロールできませんし、もちろん自分が取れる成績も、完全に自分でコントロールできるわけではありません。他の人が班活動でどれくらい役割を果たしてくれるか、どれくらい一緒にやってくれるかも、コントロールできません。あなたが助けの手を差し出しても、相手がそれを受け入れるかどうか、コントロールできません。どんなに練習したって、他の人があなたより成長したり、あなたよりスタメンにふさわしいほど上達することも、コントロールできません。そのため、外見的な達成にとらわれすぎると、自分でコントロールできないことが増えすぎて、思うようにいかなくなって、とっても惨めな気持ちになるかもしれないのです。

一方で、内面的な達成は、自分でコントロールできる部分が多くあります。理科の成績が1番でなくても、学ぶことに価値をおいていれば、頑張って勉強を続けられたことで達成感を得るかもしれません。班の他の人が自分の仕事をしなかったとしても、一緒にやろうと努力したことで、自分なりに満足することもできるでしょう。いじめられている人を助けようとしたことはよかったと思えるかもしれませんし、陸上競技で登録選手に選ばれなかったとしても、あまりヘコまず元気でいられるかもしれません。どの場合でも、自分にとって大事なこと、つまりあなたが大切にしたい価値に沿った行動を続けられたと気づくことで、満足感が得られるかもしれ

ないのです。あなたは、自分にとって大切なことのために、確かな努力を成し遂げたのです。確かに、あなたが望んだ通りの結果は得られませんでした。でも、あなたは自分に正直な形で行動したことで、あなたは達成したと言えるのです。

達成のための2原則

　自分の知っている、とても成功した人、夢をまさに実現して生きている人たちのことを考えてみましょう。ミュージシャンでもアスリートでもアーティストでも、何かのリーダーでもいいです。その人たちに共通しているのは何でしょうか？　何がその人たちに成功をもたらしたのでしょうか？　生まれつきの才能？　頑張って努力したから？

　もし、あなたが「才能でしょ」と答えたとしたら、あなたは一人ではありません。多くの人たちが、成功は結局才能のおかげだし、才能ってだいたい生まれつきのものだと考えます。さて、びっくりする心の準備はできていますか？　もし、成功を収めるのは才能次第だと思っていたら、確かに成功する確率は低そうです。そう、成功<u>できなさそう</u>なのです。というのも、才能が一番の理由だと思い込んでいる人は、「一生懸命な努力こそがとても重要だ」と思っている人ほど努力しないからなのです。

　どうやら、生まれつきの才能というのは過大評価されているかもしれません。トップクラスの成功を収める人は、何事も簡単にやりこなすように見えますし。オリンピックのフィギュアスケートの選手を考えてみましょう。高く舞い上がり、3回転して、スケート靴の薄い刃で、優雅に着地してみせます。何の苦労もないかのように簡単にやってのけます。それを見たらきっとこう思うでしょう、「自分には絶対ムリ」と。でも、あなたが見てないところで、彼女は数えきれない時間を練習に費やし、何千回と転んでいるのです。このことから、原則その1にたどり着きます。成果をあ

げるかどうかは生まれつきの才能というより、練習量の問題なのです。

原則その1：トップクラスの人は、たくさん練習している

　トップクラスの成果を残す人は、他人よりもたくさん練習しています。有名なバイオリニストは、ただ"上手"な人や"平均的"な人よりも、何千時間も多く練習します。こういった成果を残すのには、近道なんてないのでしょう。音楽でも科学でも、絵画、スポーツ、物書き、囲碁や将棋でもなんでも、努力して練習に身を捧げなければいけないのです。

　でも、練習だけで十分でしょうか？　結論から言うと、練習だけではトップにたどり着くことはできません。もうひとつあるのです。自分の限界に挑戦し、困難なことにも、時にはストレスを感じることにも、自ら進んで体験する必要があるのです。

　このことから、原則その2にたどり着きます。あなたは楽な環境の外に出て、進んで取り組む必要があるのです。

原則その2：トップクラスの人は、楽な環境を離れて練習する

　成功している人たちは、自分を追い込み、最初のうちはとても難しく、まず無理と思えることにも取り組みます。世界レベルのフィギュアスケート選手は、最初は全然できないジャンプにも挑戦しないといけません。ジャンプして着地できるレベルになるまで、何百回と転ぶかもしれません。作家は本を何とか出版してもらうまでに、原稿を何十もの出版社に送って、そして何十もの"お断り"の返事をもらうかもしれません。俳優は幅広い役をこなすために、舞台に上がる時は毎回恥をかくリスクを背負い、そして上達していくのです。料理長は新しいレシピを作り出す必要があるけど、時には"激マズ"な料理を作ってしまうかもしれません。

　実はこの原則は、10代だけでなくすべての人に当てはまります。新しいことを学び、スキルを磨き、夢を実現するには、簡単にはできないことに多くの時間を費やし、挑戦しなければなりません。こんな例を考えてみましょう。柔道のメンバーに入るため、最初はヒョロヒョロだったけれど、周りの2倍の練習量を頑張ってこなし、最終的にメンバーの一員になれた人。国語の授業についていくのがとても大変でも、「成績が悪くても別にいいや」と思わずに授業を聞き、課題作文もちゃんと書き直し、先生にも積極的に質問する生徒。超引っ込み思案で不器用で、本当は家にいる方が楽なのに、それでも外で人と接するようなイベントに出かける人。こういった10代の子たちは、最初からあきらめてしまう人よりも成長しそうですよね。

　さて、あなたはどうでしょう？　この広い世界で、どんな夢を抱いていますか？　楽な環境から出て、簡単にはできないことを努力することで、あなたにどんな変化が起こるでしょうか？

☆ エクササイズ ☆　楽な環境から出てみよう

　このエクササイズは、あなたが楽な環境から抜け出してできないことに取り組み、成功のためのプランを立てるのに役立つでしょう。この章の初めに、自分が大切にしたい価値として重要と選んだ3つを思い返してみましょう。あるいは新たに1つ選んでもいいです。あなたがその価値に沿った生き方をしたら、どんなふうに見えるでしょうか。成長したいと思うことを1つ選び、次のスペースに書いてください。例えば、「私は、何かを達成するということに価値をおき、なれるのであれば一番のピアニストになりたいです」とか「私は人助けに価値をおき、ホームレスの人に何かしてあげたい」といったように。

あなたが大切にしたい価値をここに書いてみましょう。

　大切にしたい価値に沿った生き方に役立つ目標を立てることで、あなたが楽な環境から出て、何をどれくらいやれるか考えてみましょう。例えば、マスターするのに何カ月もかかりそうな曲に進んでチャレンジするかもしれませんし、ホームレスの人たちに何かするのは大変そうと思いながらも炊き出しのボランティアをするかもしれません。

　下のスペースに、大切にしたい価値に沿った生き方に役立つ目標を立てることで、あなたが楽な環境から抜け出て、何をどれくらいやれるかを書いてみましょう。

やる気が出ない時でも前に進み続ける方法

　大きな夢を叶えるには、普通、長い時間と多くの努力が必要です。どうすれば、前向きに行動する気持ちをキープできるでしょうか。答えをズバ

ッと言うと、"できません"。第5章と第6章でお伝えしたように、自分の気持ちをコントロールするのは不可能とは言いませんが、難しいのです。普段マイナスな気持ちからなかなか抜け出せないのと同じように、プラスの気持ちを必要な時に必ず作り出すというのもできないのです。前向きな気持ちになれないというのは、よくあることなのです。

　でもなんと、行動に移すために、やる気を出す必要はないのです。どういうことか説明するために、ケンの例を見てみましょう。

ケン：バカバカしいと思いながらも、大切にしたい価値に沿って行動する

　ありえないくらいアホくさい気分だ。知り合いに見られたら笑いものだよ。なんで俺はフリマ（フリーマーケット）で、こんなものを売ってるんだ……。トイレットペーパーのカバーって。これ以上最悪なことなんてないな。

　ウチのばあちゃんが、この全く意味不明なものを作るのが好きなんだ。なんか不細工な、予備のトイレットペーパーにかぶせておく人形を売ってる。マジで引くほどダサいのに、ばあちゃんはこれをフリマで売って、どこかの恵まれない子ども、多分アフリカかな、そこへお金を送ってるんだ。人形をそのまま送ればいいのに。そしたらこんなもの、自分は売らなくてもいいんだけど。

　とりあえず、フリマで売るの手伝ってくれって、ばあちゃんに言われたわけ。年だからちょっと疲れやすくなってて、時々休憩するのに誰かにいてほしいんだってさ。こんなトイレットペーパーカバーの前に立ったらブザマな気持ちになるって分かってるから、ほんとはマジで「無理」って言いたかった。言い訳とか考えたかったけど、その時、自分が大切にしたいこととか、自分にとってのばあちゃんの存在とか

が、自分にとってどんな意味があるのかを考えてみたりしたわけ。ばあちゃんは、ずっと好きだったんだ。小さい頃にはよく、俺にだけクッキー焼いてくれたし。しかも俺が好きなチョコチップの。あとテレビの旅番組を一緒に見たり、世界で飢餓がなくなるにはどうしたらいいか一緒に考えたり。子どもの頃、ばあちゃんと過ごすのが大好きだった。

　というわけで、俺は今ここにいて、誰が買うかよく分からないもんを売っている。知ってる人に見られたらどうするか、マジで分からない。あのホノカに見られた日には、死ぬほど恥ずかしくて地球から逃げ出したい気持ちになるだろうな。でも俺はここにいてやってる。だってばあちゃんは本当に好きだし、恵まれない子のために貢献って、かなりかっこいいかも、とも思う。いつの日か、自分なりにできそうなことを見つけるかもしれないけど、今のところはばあちゃんがやってることを、まぁそれが恥ずかしいことだとしても、手伝っておこうかな。

✴ エクササイズ ✴ 　トイレットペーパーカバーを売る 戦略を提案しよう

　近所の知り合いに見られるかもしれないフリーマーケットで、トイレットペーパーカバーなんて売る気になりますか？　10代はもちろん、大人でも「無理……」と言うかもしれません。売り物としてはヘンテコなものですし、どう考えても格好良くはないですし。だって、予備のトイレットペーパー用のカバーが欲しい人なんてどこかにいますかね？

　このエクササイズをやる際に、あなたがトイレットペーパーカバー人形を売ろうという気は全くもってゼロだと思ってください。質問はこうです。やる気がなくても、売るために売り場に立つことはできるでしょうか？　そういう場合でも、もっと売れる売り方を思いつくところまで自分をもっていくことができるでしょうか？　楽な環境から出て、カバー人形が売れる戦略を考えるために時間を取ってみましょう。

　下のスペースに、あなたのアイディアを書いてください。ヘンテコでもクレイジーなことでもなんでもかまわないので、最低1つか2つ書いてみましょう。

_____

_____

_____

_____

_____

_____

_____

_____

何かアイディアが浮かびましたか？　浮かんだらすごいですよ！　浮かばなかったら、もう一度、本気で最大限努力してみてください。"人生がこれにかかっている"と想像しながら。先を読む前に、何か書いてくださいね。

では、このエクササイズのポイントは何だったでしょうか？　ケンやあなたが、恥ずかしいヘンテコなモノを売る業界で、素晴らしい第一歩を踏み出すお手伝いをすることでしょうか？　全然違いますよね。ここのポイントは、こんなトイレットペーパーカバーを売る気がこれっぽっちもなくても、目標に向けた行動は決断できるということです。どうでもいいトイレットペーパーカバーでケンがそうしたように、大事なことの場合と同じく、何か行動する方法が見つかるのです。

どうでもいいと思っていることでも何かしら行動できるのだとすれば、大事だと思っていること、この世界でやりたいことについてはどうでしょう？　そんなことをする気にならないと感じる時もあるでしょうか？　それは当たり前のことです。誰もが時々、そんなふうに感じるものです。小説家も時には書きたくないなと思うかもしれませんが、人気作家は、前向きな気持ちになれなくても、毎日書くのです。トップアスリートたちは、やりたくない気分であっても、一生懸命練習します。結果を残す生徒は、つまらないと思う時でも、勉強し続けるのです。ということで、次の2点を覚えておくのが役立ちます。

- 厄介な考えや気持ちのせいで、自分が大事だと思っている行動を止める必要はありません。
- （行動する気や前向きな気分などの）やる気が感じられない時も、行動を止める必要はありません。

夢をもった人生で成功するためのステップ

大切にしたい価値というのは、あなたがそれに沿った行動をしないと、意味がありません。でも行動するのが大変な時もあります。ケンみたいに、恥ずかしい思いをするかもしれません。新しいことや難しいことに挑戦する時、怖いと思うかもしれません。あるいは、前向きな行動をする気が出ない時もあるかもしれません。もうお分かりのように、こういったことであなたが進む道を閉ざす必要はないのです。こういう時でも、夢をもった人生の可能性を高めるために、何ができるでしょう？　ケンの例を元にしながら、以下にアドバイスをしてみます。

1. **具体的な目標を決める**：いつ何をするか、ぴったりな計画をしっかりと立てる。例えばケンは、フリマのある決まった日に、おばあちゃんの手伝いをすると決めました。

2. **心の中に抵抗を感じる時は、なぜ行動しようとしているのか、思い出す**：価値に沿った行動や目標が、あなたが大切にしたい価値をどう前進させるか、思い出すようにしましょう。例えばケンは、おばあちゃんを慕う気持ち、おばあちゃんを助けたいという思い、いつの日かおばあちゃんみたいに他人を助けるやり方を見つけたいという願いから、行動しようと思いました。

3. **目標を達成した時に、どんないいことがあるか考えてみる**：あなたの行動が、あなたが大切にしたい価値をどう前進させるでしょうか。それによってあなたや他の人に、どんなプラスがあるでしょうか。例えばケンは、おばあちゃんを助けて温かい気持ちになったとか、

困っている子たちの役に立ったので満足だと言っています。最終的にこういった気持ちはケンにとって、恥ずかしい思いをするよりも、もっと重要だったのです。

4. **現実的でいよう！**：難しいことに対しても、計画を立てましょう。目標を決めて達成するには、たくさんの苦労を伴います。自分自身に素直になり、目標達成の壁を予想しておくのが重要です。"もしもの時宣言"を活用するのが、壁への手っ取り早い取り組み方です。「もしも＿＿＿＿なら（難しくする壁を書く）、その時私は＿＿＿＿しよう（乗り越え方を書く）」。例えばケンは、バカバカしく恥ずかしすぎるので、売り場から逃げようとするかもしれないという自覚がありました。そこで彼は、こんな"もしもの時宣言"を思いつきました。「もしも"バカバカしい"と思いそうになったら、この目標がなぜ大事であるか自分に言い聞かせて、人形を売る精一杯の努力を続けよう」と。

まとめ

　トップクラスの成果を残す人たちは、物事をいともたやすくやってみせますが、それは、楽な環境の外に進んで出ていき、自分の腕を磨くためたくさんの時間と努力をつぎ込んだからです。その間、きっとたくさんの失敗も経験したでしょう。でも、自分に大事なことを貫き通したから、最終的にその人たちは成功することができたのです。

　夢をもって生きるためには、その途中で、避けられない失敗を受け入れる必要があります。備えはしておきましょう！　失敗はたくさんの心の痛みを生み出します。第 5 章と第 6 章のやり方は、自分にとって大事なことに向けて進む時に出てくる厄介な感情を、自ら進んで受け入れるのに役立

ちます。

　失敗することで、自分を信じられなくなるかもしれません。第7章から第9章で、あなたのマインドがあなたを批判するのを観察しました。天気が悪い時と同じように、マインドからの批判が現れては消えていくことをどう見守るかを練習しましょう。それと闘う必要はないのです。

　時には、自分が大切にしたい価値に沿った生き方ができないかもしれません。時には、目標を達成できないかもしれません。時には、できるはずの努力をしないかもしれません。時には全くやらないかもしれません。ポイントは、「自分は、大切にしたい価値に沿った道から外れてしまうだろうか」ではないのです。当然外れてしまうものなのです。みんなそうなのです。

　ポイントは、「自分は、大切にしたい価値に沿った道へ戻れるだろうか」です。失敗した時に、その痛みを受け入れ、自分が大切にしたい価値の示す方へ再び戻ることができるでしょうか。あなたの答えが「イエス」なら、いつの間にか再び自分が大切にしたい価値の方向へ歩んでいるのに気づくでしょう。そしてそれは、あなたの人生を素敵な旅へと変えてくれることでしょう。

おわりに

あなたのハートの中にある輝き

　若さとは結局のところ、ほんの一瞬なのですが、ハートの中にいつもある、火花のような輝きなのです。

——ライサ・ゴルバチョフ^{訳注）}

　私たちはこの本の初めで、あなたにこの本を読むように言ってきた誰かのためなんかではなく、あなたのためにこの本を書いたのだと言いました。最後に、あなた自身にオリジナルのエンディングを書いてもらうことで、この言葉を全うしたいと思います。"あなた"の旅について、この本で何を学んだのか、学んだことがあなたの人生にどんな意味をもつのか、人生の旅を続ける時にどのメッセージと共に歩んでいくのか、書いてもらいたいのです。

　"人生の旅"なんて言うと、何だか大きくて怖いものに思えるかもしれません。けれども、それはあなたが常にやってきたことなのです。あなたは目を覚まし、服を着て、あなたの一日を過ごすことで、この旅を毎日歩んでいるのです。でも、あなたがこれまでしてきた旅とあなたが今からここに描き出す旅には、きっと違いがあります。あなたとあなたの大切にしたい価値がこの旅の主役であること、究極のところ、何をするか、それを

訳注）ソビエト連邦最後の指導者ゴルバチョフ氏の夫人。

どのようにするかという選択(せんたく)は、あなた次第なのだと分かっているでしょう。

　この本の内容を通じて、誰(だれ)もが厄介(やっかい)な考えや気持ちをもつけれど、そのような考えや気持ちは天気のように移り変わるものだと学びました。そして、あなたは人間のマインドは計り知れないほどに素晴らしく、驚(おどろ)くべき発明をする能力の一方で、トラブルメーカーにもなると理解しています。マインドを止めることや、マインドに考えを強制させることはできないのです。私たちはマインドの演じる多くの役割(やくわり)、「問題発見」「ささやき」「評価」を、どうあがいても避けることができないのですから。

　気持ちは強力でもあり、生じるのが自然でもあると学びました。自分に悲しみや不安がなければいいのにと願うことがあります（これからも常にあるでしょう）。でも、このような気持ちはあなたにとって重要なものと関連しています。時に悲しみは、あなたが愛する何かを失ったというメッセージでもあります。時に不安は、あなたが心の底から何かに成功したい・達成したいと望んでいることを伝えてくれます。あなたが誰(だれ)かを愛し、何かを夢見る限り、あなたは時としてこの悲しみや不安を感じることもあるでしょう。

　大切なのは、望まない気持ちのためのスペースを作る勇気と、マインドが「どうせ無理」と言う時であっても、大切なことを追求する知恵(ちえ)をもつことなのです。あなたは気持ちのためのスペースを作ることと“マインドなんて気にしない”ことを可能にする、勇者のしなやかスキルを学びました。このスキルは、自分を信じることができなくなった時でさえ、自分が大切に思う価値(かち)に沿(そ)った行動をするのを助けてくれるでしょう。ここから先は、このスキルをいっそう練習するのみです。あなたが自分だけの旅に出られるよう、最後のエクササイズを出しましょう。この本のエッセンスをパズルのようにつなぎ合わせ、“あなた”とあなたが大切にしている価値をしっかりと映(うつ)し出せるように。

⭐ エクササイズ ⭐　パズルのピースをつなげる

　次のページには、パズルのピースの絵が描かれています。その多くはこの本の主要なアイディアを表しています。少し時間をかけて、この本で学んだことを表現するためにこの絵を使ってください。好きなように使ってくれてかまいません。絵を描いても、字を書いても、なんでもありです。とにかく自分の好きなように表現してみましょう。あなたのストーリーを描く際、あなたの心のパーツがお互いにつながっている様子に注目してください。それは実際、"賢い見方"なのです！

　ミカとケンが自分たちの旅と学んだことを表現するため、この絵に書き込んでいます。二人の絵を見て、ピースが二人にとってどのようにはまっていくか、確認してください。

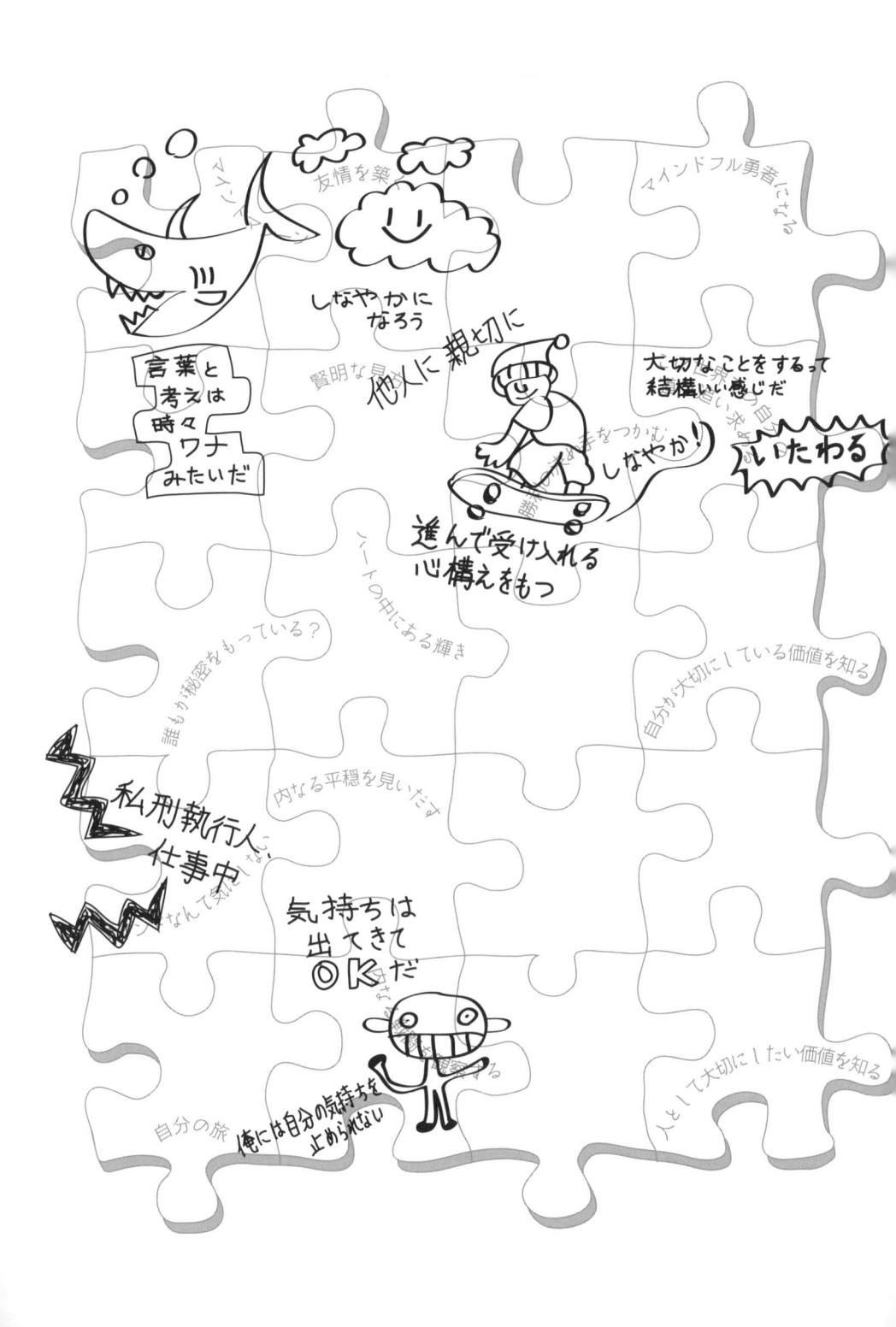

文　献

Hayes, S. C., K. D. Strosahl, and K. G. Wilson. 1999. *Acceptance and Commitment Therapy: An Experiential Approach to Behavior Change.* New York: Guilford Press.

Neff, K., and P. McGehee. 2010. "Self-Compassion and Psychological Resilience among Adolescents and Young Adults." *Self and Identity* 9(3):225–40.

Syed, M. 2010. *Bounce: Mozart, Federer, Picasso, Beckham, and the Science of Success.* New York: HarperCollins.

Wilson, K. G., with T. DuFrene. (2009). *Mindfulness for Two: An Acceptance and Commitment Therapy Approach to Mindfulness in Psychotherapy.* Oakland, CA: New Harbinger Publications.

監訳者あとがき

　本書は、*Get Out of Your Mind & Into Your Life for Teens* という本の翻訳書です。大人向けに書かれていた *Get Out of Your Mind & Into Your Life*（邦訳書『ACT（アクセプタンス&コミットメント・セラピー）をはじめる』、S・C・ヘイズ、S・スミス著、武藤崇ほか訳、星和書店、2010）という本がオリジナルで、それを 10 代の若者向けにアレンジしたのが原本です。アクセプタンス&コミットメント・セラピー（ACT）というカウンセリングの考え方に基づいていて、オリジナルは ACT のセルフヘルプ本として代表的な一冊です。この本の特徴は、お勉強的に知識を頭に入れるものでは "ない" ということです。さまざまなエクササイズが用意されていて、実際に "やってみる" ことを大切にしています。そして、その結果 "どうだった" かを重視しています。ぜひ、本と対話するようにエクササイズを進めていただけるとよいでしょう。そうすると、この本に書かれているエッセンスに触れることができると思います。

　この原本を翻訳するにあたって、監訳者としてこだわった点があります。それは、日本の若者にとって、できるだけ違和感なく、スムーズに読めるものにしようということです。そうしなければ、エッセンスが伝わりにくいと考えたからです。原本は確かに若者向けなのですが、例や挿絵がとっても "アメリカン" で、日本の若者に合うかどうか心配でした。本書の監訳者は 3 人とも、原本の著者らと同じように、これまで 10 代の若者を相手にカウンセリングをしてきました。だからこそ、自分たちが関わっているような若者にとって、この本が "しっくり" くるかどうか、そして、そのエッセンスを体得して、豊かな人生を築き上げていくことに役立つかど

うか、それを何よりも大切にしたいと考えました。そのため、原本を直訳はせずに、できるだけ日本人に馴染みのあるストーリーや言い回しに変えました。また、挿絵もすべて変えることにしました。そして、本書に繰り返し登場する"し・な・や・か"の訳出は、最後の最後まで議論を重ねました（これが一番大変でした……）。もちろん、原本が伝えようとするエッセンスはそのままにしています。この本を手にされた少しでも多くの方々にとって、読みやすく馴染みやすいものになっていれば、そして、そのエッセンスを感じ取っていただければ、監訳者としてこの上ない喜びです。

本書は原本と同様、10代の若者が自分自身で読み進めることを想定して翻訳しています。ところが、翻訳作業の過程で監訳者の一人がこんなことを言いだしました。「これって10代に限定しなくてよくない？ だって、読んでいて自分にもめちゃくちゃ役立つし」と。監訳者の3人は同世代で、現在、30代半ば（というか後半？ アラフォー？？）です。そんな我々にとっても、本書は自分たちの人生を応援してくれるような本だと感じました。我々の頭の中身が若者と同じ（オトナになれていない？）ということかもしれませんが、人生で大切なエッセンスというのは、年代によって変わるものでもないのかもしれません。本書に出てくる例は10代向けですが、本書が伝えるエッセンスはオトナにも役立つものだと思います。

また、カウンセラーなど若者の支援をしている方々の中には、本書をご自身の実践で活用することを検討されている方もいらっしゃるかと思います。その場合、まずはご自身に適用してみてください。本書のエッセンスは、"頭で理解するためのもの"ではありません。ぜひご自身で読んでみて、やってみて、体験してみてください。その体験とともに本書をご活用いただければ、きっと支援にも役立つと思います。

最後に、本書の監訳作業時には、学生の方々に"若者目線"で読んでいただき、様々なアドバイスをいただきました。この場を借りて、ご協力い

ただいた皆さんにお礼申し上げます。また、星和書店の桜岡さおり氏には、挿絵の変更など、監訳者のわがままにお付き合いいただき、翻訳編集作業にご尽力いただきました。改めてお礼申し上げます。

　　　2016 年 5 月

　　　　　　　　　　　　　　　　　　　　　　　　　監訳者を代表して

　　　　　　　　　　　　　　　　　　　　　　　　　　大月　友

■著者

ジョセフ・V・チャロッキ（Joseph V. Ciarrochi, PhD）

ウェスタンシドニー大学心理学教授。数多くの競争的資金を得て，社会的・情動的 well-being の理解と発達に焦点を当てた研究活動を行う。国際誌や書籍など 80 を超える出版物があり，学会や大学，研究所での講演活動も行っている。メンタルヘルスや well-being の促進に関する 8 つの書籍の著者や編集者である。

ルイーズ・ヘイズ（Louise Hayes, PhD）

臨床心理士。オーストラリアのメルボルン大学の研究者。キャリアを通して，若者やその家族への支援を行ってきた。青年期へのアクセプタンス＆コミットメント・セラピー（ACT）の適用，若者に対する ACT の効果研究，専門家への ACT のトレーニングにおいてリーダー的存在である。

アン・ベイリー（Ann Bailey, MA）

経験豊富な臨床家。情動との付き合い方やイキイキとした人生の送り方などの支援を行う。

〈まえがき〉
スティーブン・C・ヘイズ（Steven C. Hayes, PhD）

ネバダ大学リノ校心理学教授（Foundation Professor）。数え切れないほどの書籍や科学論文の著者であり，ACT ワークブック *Get Out of Your Mind and Into Your Life*（訳書『ACT をはじめる』星和書店刊）もそのひとつ。

■監修者

武藤　崇（むとう　たかし）

埼玉県生まれ。臨床心理士。
1992 年に筑波大学第二学群人間学類を卒業，1998 年に筑波大学大学院心身障害学研究科修了（博士〔心身障害学〕；筑波大学）。筑波大学心身障害学系技官・助手（1998 ～ 2001 年），立命館大学文学部助教授・准教授（2001 ～ 2010 年）を経て，2010 年より同志社大学心理学部教授，現在に至る。ACBS（The Association for Contextual Behavioral Science）の日本支部である「ACT Japan」の代表（2010 ～ 2014 年）を務めた。また，ネバダ大学リノ校客員研究教授として，S. C. ヘイズ博士の研究室に所属（2007 ～ 2008 年）。著書・訳書に『ACT ハンドブック』（編著，星和書店，2011），『ACT をはじめる』（共訳，星和書店，2010），『アクセプタンス＆コミットメント・セラピー（ACT）〈第 2 版〉』（共訳・共監訳，星和書店，2014）などがある。

■監訳者

大月　友（おおつき　とむ）

千葉県生まれ。臨床心理士。

2002 年に筑波大学第二学群人間学類を卒業，2004 年に新潟大学大学院教育学研究科修了，2007 年に広島国際大学大学院総合人間科学研究科を修了（博士〔臨床心理学〕；広島国際大学）。2004 年より悠学館心理カウンセラー（非常勤），2008 年より早稲田大学人間科学学術院助教（2008 ～ 2010 年），専任講師（2010 ～ 2013 年）を経て，2013 年より准教授，現在に至る。著書・訳書に『アクセプタンス＆コミットメント・セラピー（ACT）〈第 2 版〉』（共訳・共監訳，星和書店，2014），『ACT ハンドブック』（分担執筆，星和書店，2011），『関係フレーム理論（RFT）をまなぶ』（分担訳，星和書店，2013）などがある。

石津 憲一郎（いしづ　けんいちろう）

埼玉県生まれ。臨床心理士。

2001 年に筑波大学第二学群人間学類を卒業，2004 年に文教大学大学院人間科学研究科修了，2008 年に東北大学大学院教育学研究科修了（博士〔教育学〕；東北大学）。東北大学大学院博士研究員を経て 2009 年より富山大学人間発達科学部講師（2009 ～ 2011 年），2012 年より富山大学人間発達科学部准教授。著書・論文に『臨床心理学入門事典』（分担執筆，至文堂，2005）『学校で気になる子どものサイン』（分担執筆，少年写真新聞社，2012），などがある。

下田 芳幸（しもだ　よしゆき）

鹿児島県生まれ。臨床心理士。

2001 年に九州大学教育学部を卒業，2003 年に九州大学大学院人間環境学府修士課程修了，2006 年に博士後期課程を単位取得退学（2008 年に博士〔心理学〕；九州大学）。2003 年より一木こどもクリニック臨床心理士（非常勤），飯塚記念病院臨床心理士（非常勤），2006 年より九州大学心理教育相談室主任（2006 ～ 2007 年），2007 年より九州大学大学院研究生（2007 ～ 2008 年），2008 年より富山大学人間発達科学部専任講師（2008 ～ 2010 年），准教授（2011 ～ 2015 年）を経て，2015 年より佐賀大学文化教育学部准教授，現在に至る。著書に『教育相談支援　子どもとかかわる人のためのカウンセリング入門』（分担執筆，萌文書林，2010），『学校で気になる子どものサイン』（分担執筆，少年写真新聞社，2012）などがある。

■訳者

大月　友
　　監訳者参照（まえがき，イントロダクション，第1, 2章担当）

上村　碧（うえむら　みどり）
　　早稲田大学大学院人間科学研究科博士後期課程（第3～6章担当）

田代 恭子（たしろ　きょうこ）
　　早稲田大学人間科学学術院助手（第7～9章担当）

石津 憲一郎
　　監訳者参照（第10, 11章担当）

下田 芳幸
　　監訳者参照（第12, 13章担当）

黒澤 麻美（くろさわ　あさみ）
　　北里大学一般教育部専任講師（全般）

セラピストが 10 代のあなたにすすめる
ACT（アクセプタンス＆コミットメント・セラピー）**ワークブック**

2016 年 7 月 21 日　初版第 1 刷発行
2022 年 7 月 16 日　初版第 2 刷発行

著　　者　ジョセフ・V・チャロッキ，ルイーズ・ヘイズ，
　　　　　アン・ベイリー
監 修 者　武藤　崇
監 訳 者　大月　友，石津憲一郎，下田芳幸
発 行 者　石澤雄司
発 行 所　株式会社 星 和 書 店
　　　　　〒 168-0074　東京都杉並区上高井戸 1-2-5
　　　　　電話　03（3329）0031（営業部）／03（3329）0033（編集部）
　　　　　FAX　03（5374）7186（営業部）／03（5374）7185（編集部）
　　　　　http://www.seiwa-pb.co.jp

印刷・製本　株式会社 光邦

Printed in Japan　　　　　　　　　　　　　ISBN978-4-7911-0937-1

よくわかるACT（アクト）

(アクセプタンス & コミットメント・セラピー)

明日からつかえるACT入門

[著] ラス・ハリス
[監訳] 武藤 崇
A5判　464頁　定価：本体2,900円+税

ACT（アクセプタンス&コミットメント・セラピー）の超・入門書。クライエントとの対話例やメタファー、臨床に使えるワークシートが豊富で、明日からでもACTを臨床場面で使いこなすことができる。

関係フレーム理論（RFT）をまなぶ

言語行動理論・ACT（アクト）入門

(アクセプタンス&コミットメント・セラピー)

[著] ニコラス・トールネケ
[監修] 山本淳一　[監訳] 武藤 崇、熊野宏昭
A5判　396頁　定価：本体2,800円+税

ACTの基礎となるRFTについて、その概略と臨床適用のポイント、前提となる機能的文脈主義やオペラント学習の理論、スキナーによる言語行動やルール支配行動について分かりやすく解説する。

発行：星和書店　http://www.seiwa-pb.co.jp

ACT をはじめる
（アクト）
（アクセプタンス & コミットメント・セラピー）

セルフヘルプのためのワークブック

［著］S・C・ヘイズ、S・スミス
［訳］武藤 崇、原井宏明、吉岡昌子、岡嶋美代
B5判　344頁　定価：本体2,400円+税

ACTは、新次元の認知行動療法といわれる最新の科学的な心理療法。本書により、うつや不安など否定的思考をスルリとかわし、よりよく生きる方法を身につけることができる。楽しい練習課題満載。

こころがふわっと軽くなる
ACT
（アクト）
（アクセプタンス &
コミットメント・セラピー）

ガチガチな心を柔らかくするトレーニング

［著］刕田文記
A5判　184頁　定価：本体1,700円+税

誰もが自分で学び実践できるACT（アクセプタンス&コミットメント・セラピー）の本。ACTやその基礎理論についてコンパクトに学べる一冊。専門家でなくてもわかる易しい解説とエクササイズ。

発行：星和書店　http://www.seiwa-pb.co.jp

マインドフルネスそして ACT へ
（アクセプタンス＆コミットメント・セラピー）

二十一世紀の自分探しプロジェクト

［著］熊野宏昭

四六判　164頁　定価：本体1,600円＋税

「ACT＝アクセプタンス＆コミットメント・セラピー」と、マインドフルネスという
2600年前にブッダが提唱した心の持ち方を結びつけながら、今を生きるた
めのヒントを探る。

10代のための 人見知りと社交不安の ワークブック

人付き合いの自信をつけるための認知行動療法とACTの技法

［著］ジェニファー・シャノン　　［訳］小原圭司

B5判　136頁　定価：本体1,200円＋税

認知行動療法やACT（アクセプタンス＆コミットメント・セラピー）を基
礎にしたトレーニングで、人見知りや社交不安を克服。豊富なイラスト
や事例、エクササイズは、10代の若者向けに工夫されている。

発行：星和書店　http://www.seiwa-pb.co.jp